MÁS ALLÁ DEL LITIGIO: DE LA CONFRONTACIÓN AL ACUERDO

De litigantes a facilitadores de acuerdos: La transformación del abogado en la era de la mediación

LUIS LÓPEZ DE CASTRO ALONSO

MÁS ALLÁ DEL LITIGIO: DE LA CONFRONTACIÓN AL ACUERDO

De litigantes a facilitadores de acuerdos: La transformación del abogado en la era de la mediación

© **Autor**, 2025
© **ARANZADI LA LEY, S.A.U.**

ARANZADI LA LEY, S.A.U.
C/ Collado Mediano, 9
28231 Las Rozas (Madrid)
www.aranzadilaley.es
Atención al cliente: https://areacliente.aranzadilaley.es/

Primera edición: Mayo 2025

Depósito Legal: M-10911-2025
ISBN versión impresa: 978-84-1085-119-1
ISBN versión electrónica: 978-84-1085-120-7

Diseño, Preimpresión e Impresión: ARANZADI LA LEY, S.A.U.
Printed in Spain

Índice General

PARTE I
LA ABOGACÍA ANTE UN NUEVO PARADIGMA

CAPÍTULO 1

LA MEDIACIÓN COMO EL NUEVO HORIZONTE DE LA ABOGACÍA

CAPÍTULO 2

DE LA ABOGACÍA LITIGANTE A LA ABOGACÍA MEDIADORA

Prólogo

La publicación de este libro no podía llegar en un momento más oportuno y es que la publicación de la Ley Orgánica 1/2025, de 2 de enero, de medidas de eficiencia del Servicio Público de Justicia marca un punto de inflexión en el ordenamiento jurídico nacional al impulsar el uso de los medios adecuados de solución de controversias y establecerlos además como requisito de procedibilidad. Se fomenta así el uso de la mediación como una herramienta fundamental para la resolución de conflictos.

En este libro encontraremos una invitación a la reflexión sobre el papel que debemos asumir los abogados en este nuevo paradigma, toda vez que la mediación no debe entenderse como un simple requisito de procedibilidad o un paso obligatorio antes de acudir a los tribunales, mas, al contrario, debe percibirse como una alternativa real y efectiva para la resolución de conflictos de manera colaborativa.

A lo largo de los siguientes capítulos se abordan con rigor y profundidad las cualidades esenciales que todo abogado debe cultivar para acompañar a sus clientes en los procesos de mediación como pueden ser la escucha activa, la empatía o la capacidad de construir puentes que permitan a las partes alcanzar el objetivo final: un acuerdo.

Todo ello, no solo desde un punto de vista teórico, sino ofreciendo herramientas prácticas a los abogados para este nuevo rol que debe dar lugar a nuevas oportunidades y a la transformación de la práctica letrada.

Debe señalarse que la mediación tiene el potencial de desjudicializar conflictos aliviando la carga de los tribunales, permitiendo a las partes que sean los protagonistas y puedan encontrar la solución a sus problemas. En todo caso, será esencial que exista una labor pedagógica encaminada al fomento e impulso de la mediación como un verdadero mecanismo de solución de disputas.

En un país como el nuestro en el que tan acostumbrados y acomodados estamos en la litigación, esta obra se erige como una herramienta importante para transitar hacia el cambio cultural que nos permita un mayor diálogo y colaboración.

Quizás este cambio cultural sea lo más difícil de conseguir, pero con trabajos como el presente, la adaptación social y profesional será más fácil de alcanzar.

Marlen Estévez Sanz

Partner Roca Junyent

Presidenta de Women in a Legal World

Presidenta de CIAM-CIAR

Bibliografía por Secciones del Libro

Parte I. La abogacía ante un nuevo paradigma

BUSH, Robert A., BARUCH & FOLGER, Joseph P. (1994), *The Promise of Mediation: Responding to Conflict Through Empowerment and Recognition*. Jossey-Bass.

CONSEJO GENERAL DEL PODER JUDICIAL (2009), *Información sobre la mediación*.

GARCÍA VILLALUENGA, Leticia & CARRETERO MORALES, Francisco J. (2012), *Manual de Mediación: Teoría y Práctica*. Editorial Reus.

GENERALITAT VALENCIANA (2009), *La mediación en la resolución de conflictos*.

MATA CHACÓN, Juan Diego (2020), *Método de resolución extrajudicial de conflictos: La mediación profesional*.

MOORE, Christopher W. (2003), *The Mediation Process: Practical Strategies for Resolving Conflict*. Jossey-Bass.

Parte II. Habilidades esenciales del abogado mediador

ALÉS, Javier (2020), *Tácticas y estrategias útiles para una mediación. Eres esclavo de tus palabras y dueño de tus silencios*.

APRENDER PNL (2010), *Ejercicios de PNL para relajarse y energizarse*.

CUADRADO I SALIDO, David (2002), *Vender con la ayuda de la psicología*. MK Marketing + Ventas.

CHOMSKY, Noam (2010), *Las 10 estrategias de manipulación mediática*.

FISHER, Roger & URY, William (1981), *Getting to Yes: Negotiating Agreement Without Giving In*. Penguin Books. (*Sí, de acuerdo: Cómo negociar sin ceder*).

MUÑOZ HERNÁN, Yolanda & RAMOS PÉREZ, M.ª Eugenia (2010), *Mediación: Escuelas, herramientas y técnicas*. Fundación Gizagune.

Parte III. El abogado en la mediación: nuevos roles y responsabilidades

CHOMSKY, Noam (2010), *Las 10 estrategias de manipulación mediática*.

DEUTSCH, Morton & COLEMAN, Peter T. (2006), *The Handbook of Conflict Resolution: Theory and Practice*. Wiley.

FERNÁNDEZ LEÓN, Óscar (2015), *El abogado empresario, líder y gerente*.

Parte IV. Integración de la mediación en la práctica profesional

GARCÍA CERVIGÓN, M.ª José (2015), *Marca personal: Cómo ser el abogado de referencia*.

GARCÍA VILLALUENGA, Leticia & CARRETERO MORALES, Francisco J. (2012), *Manual de Mediación: Teoría y Práctica*. Editorial Reus.

HUBSPOT (2010), *Introducción a la psicología del marketing*.

MATA CHACÓN, Juan Diego (2020), *Método de resolución extrajudicial de conflictos: La mediación profesional*.

Parte V. El futuro de la abogacía en la era de la mediación

BALLESTEROS, Juan Carlos & MERINO ORTIZ, Jesús (2013), *La mediación en España: Un estudio jurídico y psicosocial*. Dykinson.

FERNÁNDEZ LEÓN, Óscar (2015), *El abogado empresario, líder y gerente*.

FISHER, Roger & URY, William (1981), *Getting to Yes: Negotiating Agreement Without Giving In*. Penguin Books.

MOORE, Christopher (2003), *The Mediation Process: Practical Strategies for Resolving Conflict*. Jossey-Bass.

Introducción

«No podemos resolver problemas con el mismo pensamiento que
usamos cuando los creamos»

Albert Einstein

El sistema judicial español se enfrenta a un desafío creciente: la saturación de los tribunales y la necesidad de encontrar métodos alternativos para la resolución de conflictos. La mediación ha surgido como una herramienta clave dentro de este nuevo paradigma, promovida por *la Ley 1/2025 de eficiencia procesal*, que busca reducir la carga judicial y fomentar soluciones más ágiles, menos costosas y más satisfactorias para las partes involucradas.

Este libro tiene como objetivo no solo explicar la mediación desde una perspectiva teórica y legal, sino también *dotar a los abogados de herramientas prácticas para aplicarla de manera efectiva en su ejercicio profesional*. A lo largo de estas páginas, analizaremos cómo la mediación no es solo una alternativa al litigio, sino una transformación profunda en la manera de ejercer la abogacía.

La importancia de la mediación en España *no es solo una cuestión normativa, sino una respuesta a una realidad*: los procesos judiciales son largos, costosos y muchas veces generan más daño que beneficio a las partes involucradas. A nivel internacional, la mediación ha demostrado ser un método eficaz para la resolución de conflictos, y países como Estados Unidos, el Reino Unido o Francia han desarrollado sistemas robustos donde la mediación es la vía principal antes de llegar a los tribunales.

En España, la mediación sigue siendo un terreno en expansión. *La falta de conocimiento y formación específica ha llevado a que muchos abogados la vean con escepticismo o la consideren secundaria frente al litigio*. Sin embargo, la experiencia internacional muestra que la mediación no solo mejora la satisfacción de los clientes, sino que también representa una oportunidad de crecimiento profesional para los abogados que la dominan.

Para ilustrar la relevancia de la mediación, podemos observar datos de otros países:

— *En Estados Unidos*, Un estudio de 449 casos administrados por cuatro importantes proveedores de servicios de resolución alternativa de disputas reveló que la mediación logró resolver el 78% de los casos, independientemente de si las partes fueron remitidas a mediación por un tribunal o si eligieron voluntariamente el proceso.

— *En el Reino Unido*, Según datos de ACAS, el 76% de todas las reclamaciones durante un período de 12 meses no progresaron hasta una audiencia final. De estas, más de 15,000 reclamaciones fueron resueltas directamente a través de ACAS, lo que equivale a aproximadamente el 70% de todas las reclamaciones que no progresaron.

— *En Francia*, un estudio empírico sobre la mediación en disputas civiles y comerciales destaca que. la mediación obligatoria en disputas civiles ha reducido los tiempos de resolución en un 60%.

Estos datos reflejan cómo la mediación puede optimizar el acceso a la justicia y mejorar la eficiencia del sistema judicial. España tiene la oportunidad de seguir este camino y consolidar la mediación como un pilar fundamental dentro de su marco jurídico.

Este libro no es un tratado teórico sobre la mediación, sino una guía práctica que combina el conocimiento jurídico con estrategias reales para que los abogados puedan aplicar la mediación en su ejercicio profesional. Se estructura en varias partes:

1. *Fundamentos de la mediación*: qué es, su marco normativo y cómo funciona dentro del sistema jurídico español.

2. *Habilidades esenciales del abogado mediador*: técnicas de comunicación, negociación, gestión emocional y pensamiento crítico.

3. *El futuro de la mediación en España*: cómo evolucionará el rol del abogado mediador y qué oportunidades ofrece esta nueva forma de ejercer la abogacía.

Imaginemos un caso real: dos socios de una empresa llevan años en disputa por la gestión del negocio. La falta de comunicación y los conflictos personales han llevado la situación a un punto en el que solo ven una solución: demandarse mutuamente. Un litigio podría tardar años y destruir la empresa en el proceso.

Sin embargo, a través de la mediación, ambos socios logran establecer un canal de comunicación efectivo, identifican sus verdaderas preocupaciones y encuentran una solución que permite la continuidad del negocio sin necesidad de enfrentarse en un tribunal. Este es el poder de la mediación: transformar conflictos destructivos en oportunidades de acuerdo.

La mediación no es solo una alternativa al litigio, sino un *cambio de paradigma* en la forma de resolver conflictos. Con la entrada en vigor de la Ley 1/2025, los abogados que comprendan y dominen la mediación estarán mejor posicionados para el futuro del ejercicio profesional.

Este libro es una invitación a explorar este camino, a desarrollar nuevas habilidades y a convertirse en verdaderos agentes de cambio dentro del sistema jurídico español.

Parte I
La abogacía ante un nuevo paradigma

Capítulo 1

La mediación como el nuevo horizonte de la abogacía

SUMARIO: 1. LA MEDIACIÓN EN ESPAÑA: DE LA ALTERNATIVA A LA NORMA. *1.1. Evolución histórica de la mediación en España. 1.2. Situación actual y perspectivas.* 2. ¿CÓMO NOS ADAPTAMOS AL NUEVO ROL DEL ABOGADO MEDIADOR? 3. VENCIENDO LA RESISTENCIA AL CAMBIO: EL MAYOR OBSTÁCULO ESTÁ EN NUESTRA PROPIA MENTALIDAD.

«Cuando los elefantes pelean, es la hierba la que sufre»

Proverbio africano

La abogacía, tal y como la conocemos, está en un punto de inflexión. Durante siglos, hemos construido nuestra profesión sobre la base del litigio, la confrontación y la defensa férrea de nuestros clientes en los tribunales. Nos han formado para ello: argumentar, contraargumentar, persuadir, impugnar, ganar. Porque, al final del día, para muchos, el éxito en esta profesión se ha medido por la cantidad de sentencias favorables conseguidas.

Sin embargo, *las reglas del juego han cambiado.* Con la entrada en vigor de la *Ley Orgánica 1/2025 de medidas en materia de eficiencia del Servicio Público de Justicia,* España da un giro significativo en la manera de gestionar los conflictos legales. Ahora, antes de litigar, *tenemos que demostrar que hemos intentado un Medio Adecuado de Solución de Controversias (MASC).* Es decir, ya no basta con ser buenos litigantes; tenemos que aprender a ser buenos negociadores, a encontrar puntos en común y a construir acuerdos.

Este cambio, lejos de ser una mera reforma procesal, representa *una transformación estructural y cultural* en la abogacía. Nos enfrentamos a una nueva etapa que nos obliga a replantearnos cómo *nos relacionamos con los conflictos, con nuestros clientes y con nuestra propia identidad profesional.* Para muchos, esta transición no será fácil, porque implica salir de nuestra zona de confort. Pero si queremos seguir siendo relevantes en esta profesión, tenemos que evolucionar.

Este libro no solo explorará cómo los abogados pueden adaptarse a esta transformación, sino que también analizará cómo pueden *aprovechar esta oportunidad para mejorar su imagen profesional, fidelizar a sus clientes y diferenciarse en un mercado cada vez más competitivo.*

1. LA MEDIACIÓN EN ESPAÑA: DE LA ALTERNATIVA A LA NORMA

La mediación en España ha experimentado un desarrollo notable en las últimas décadas, consolidándose como un método alternativo de resolución de conflictos en diversos ámbitos. Sin embargo, *su evolución ha sido lenta en comparación con otros países donde la mediación es parte esencial del sistema de justicia.*

1.1. EVOLUCIÓN HISTÓRICA DE LA MEDIACIÓN EN ESPAÑA

1. *Inicios y antecedentes:* Aunque la mediación como práctica formal es relativamente reciente en España, han existido históricamente figuras que actuaban como intermediarios en la resolución de disputas. Sin embargo, su institucionalización comenzó a tomar forma en las últimas décadas del siglo XX, impulsada por la necesidad de métodos más ágiles y eficaces de resolución de conflictos.

2. *Desarrollo legislativo:* El marco normativo de la mediación en España ha tenido hitos importantes en áreas como los conflictos familiares, mercantiles y la justicia juvenil. Un paso clave fue la transposición de la *Directiva 2008/52/CE del Parlamento Europeo y del Consejo, del 21 de mayo de 2008*, sobre ciertos aspectos de la mediación en asuntos civiles y mercantiles. Esta normativa impulsó la creación de una ley nacional de mediación, estableciendo un marco regulador para su implementación en el país.

3. *Implementación y reconocimiento:* A pesar de estos avances legislativos, la mediación ha tardado en ser plenamente reconocida y utilizada en España. Mientras que en países como Estados Unidos, Canadá o el Reino Unido la mediación es una vía habitual para resolver disputas, en España su adopción ha sido más lenta. No obstante, en los últimos años, las administraciones públicas y el sistema judicial han comenzado a valorar la mediación como una alternativa efectiva y real a la vía judicial.

1.2. SITUACIÓN ACTUAL Y PERSPECTIVAS

Con la entrada en vigor de la *Ley Orgánica 1/2025*, que establece la *obligatoriedad de intentar resolver ciertos conflictos mediante medios adecuados de solución de controversias antes de acudir a la vía judicial*, se espera que la mediación adquiera un papel aún más relevante en el sistema de justicia español.

Este desarrollo no es solo una reforma procesal; representa *un cambio cultural hacia la búsqueda de soluciones consensuadas y la descongestión de los tribunales*.

Para los abogados, este cambio es un llamado a la adaptación. *Ya no basta con conocer la ley y los procedimientos judiciales; ahora debemos entender cómo guiar a nuestros clientes en procesos de mediación, conciliación y negociación.*

2. ¿CÓMO NOS ADAPTAMOS AL NUEVO ROL DEL ABOGADO MEDIADOR?

El primer paso para integrar la mediación en nuestra práctica profesional es *cambiar nuestra mentalidad*. Si seguimos viendo la mediación como una «pérdida de tiempo» o como un «paso obligatorio antes de demandar», *no estaremos aprovechando todo su potencial*.

Claves para la transición al nuevo modelo de abogacía mediadora:

— *Desarrollar habilidades de negociación*: No basta con conocer la ley; ahora hay que saber negociar acuerdos que beneficien a nuestro cliente.

— *Mejorar la comunicación con el cliente*: Explicar la mediación como una ventaja, no como una imposición.

— *Adquirir técnicas de mediación*: La escucha activa, la reformulación de problemas y la gestión emocional serán herramientas esenciales.

— *Posicionarnos como abogados que resuelven problemas, no solo que litigan*.

Si el cliente nos ve como un solucionador de conflictos y no solo como un litigante, confiará más en nosotros.

Este cambio no significa que dejemos de litigar. *Habrá casos que sí requerirán juicio*, pero la clave está en saber cuándo conviene una vía u otra.

3. VENCIENDO LA RESISTENCIA AL CAMBIO: EL MAYOR OBSTÁCULO ESTÁ EN NUESTRA PROPIA MENTALIDAD

Es normal que algunos abogados vean la mediación con escepticismo. Nos han formado en la confrontación, en la defensa del cliente y en la preparación de juicios. *Aceptar que ahora debemos sentarnos a negociar puede parecer, en un primer momento, una «pérdida de poder» o un cambio en nuestra identidad profesional.*

Sin embargo, si miramos la abogacía como un todo, *vemos que este cambio es natural*. La sociedad busca soluciones más rápidas, más eficaces y menos costosas. Y los abogados que no se adapten a esta demanda *corren el riesgo de quedarse atrás*.

Es hora de dejar de ver la mediación como una obligación y empezar a verla como *una oportunidad para diferenciarnos, mejorar nuestra relación con los clientes y, en definitiva, hacer una abogacía más efectiva y valorada*.

Conclusión: La abogacía ha cambiado. ¿Nos adaptamos o nos quedamos atrás?

La realidad es clara: *la mediación ha llegado para quedarse*. La *Ley de Eficiencia Procesal* nos obliga a utilizar los MASC antes de litigar, y resistirse a este cambio, *solo nos perjudicará a nosotros mismos*.

Este capítulo ha mostrado que la mediación no es un enemigo de la abogacía, sino *una herramienta que nos permite evolucionar*. Ahora, la pregunta es:

¿Seguimos siendo abogados del siglo XX o nos convertimos en los abogados del futuro?

Capítulo 2

De la abogacía litigante a la abogacía mediadora

SUMARIO: 1. EL LITIGIO COMO ÚNICA VÍA: UN MODELO QUE SE AGOTA. 2. LA MEDIACIÓN: DE OPCIÓN A OBLIGACIÓN. 3. DEL ABOGADO LITI-GANTE AL ABOGADO MEDIADOR: EL CAMBIO DE MENTALIDAD. 4. VENCIENDO LA RESISTENCIA AL CAMBIO.

> *«En la confrontación, unos ganan y otros pierden; en la mediación, todos ganan»*
>
> William Ury

La transformación que todo abogado debe asumir

La abogacía, tal como la hemos conocido hasta ahora, está en plena metamorfosis. Durante generaciones, nuestra labor ha estado cimentada en el litigio, en la confrontación jurídica y en la defensa inquebrantable de los intereses de nuestros clientes ante un tribunal. Nos formamos para ello. *Nos enseñaron que el derecho se ejerce en el campo de batalla del litigio*, donde la victoria se mide en sentencias favorables, en la contundencia de los argumentos y en la habilidad para sortear las estrategias del adversario.

Sin embargo, lo que antes era el único camino, hoy está dejando de serlo. *La abogacía ya no puede vivir exclusivamente del litigio, porque el mundo ha cambiado y la justicia está evolucionando.* La aprobación de la *Ley Orgánica 1/2025 de Eficiencia Procesal* marca un antes y un después en nuestra forma de trabajar. Ahora, antes de interponer una demanda en materias civiles y mercantiles, será obligatorio demostrar que se ha intentado resolver el conflicto mediante un *Medio Adecuado de Solución de Controversias (MASC)*.

Esta transformación impone una *nueva mentalidad* en la práctica del derecho. Nos obliga a dejar de vernos únicamente como litigantes y empezar a asumir un nuevo rol: *el de facilitadores del acuerdo.* Porque, aunque el litigio sigue siendo una herramienta fundamental en nuestra profesión, no puede ser la única.

Si queremos seguir siendo abogados relevantes en esta nueva era, tenemos que aprender a negociar, mediar y buscar soluciones más eficientes para nuestros clientes.

1. EL LITIGIO COMO ÚNICA VÍA: UN MODELO QUE SE AGOTA

El sistema judicial español lleva décadas saturado. La litigiosidad ha crecido de forma exponencial, generando un colapso en los tribunales que se traduce en *demoras de años en la resolución de los conflictos.* La realidad es que muchos de los asuntos que terminan en juicio podrían resolverse antes si existieran mecanismos más eficaces para gestionar las disputas.

¿Por qué seguimos acudiendo a los tribunales cuando podríamos resolver conflictos de forma más ágil y económica? La respuesta tiene raíces profundas:

— *Porque así nos han formado.* En la universidad nos enseñaron derecho procesal, pero poco o nada sobre mediación, conciliación o negociación.

— *Porque el cliente sigue creyendo que «ir a juicio» es la única manera de obtener justicia.* Y muchas veces, como abogados, hemos reforzado esa idea en lugar de ofrecer alternativas.

— *Porque el sistema judicial ha tardado en impulsar vías alternativas de resolución de conflictos.* Hasta hace poco, la mediación era vista más como una sugerencia que como una herramienta real y eficaz.

Sin embargo, este modelo está agotado. *El futuro de la abogacía no pasa por más litigios, sino por mejores soluciones.*

2. LA MEDIACIÓN: DE OPCIÓN A OBLIGACIÓN

Con la entrada en vigor de la Ley de Eficiencia Procesal, la mediación y otros métodos de resolución alternativa de conflictos dejan de ser una simple recomendación y se convierten en un *paso obligatorio previo al juicio.*

Es decir, el cliente ya no podrá acudir directamente a los tribunales sin haber intentado antes una solución negociada mediante mediación, conciliación, arbitraje o cualquier otro mecanismo adecuado. Y nosotros, como abogados, *tenemos que ser los primeros en asumir este cambio y en guiar a nuestros clientes en este proceso.*

¿Qué implica esto en la práctica?

— *Tendremos que entender y dominar los MASC,* porque serán parte esencial de nuestra labor.

— *No podremos limitarnos a preparar demandas;* tendremos que preparar negociaciones.

— *Deberemos acompañar a nuestros clientes en la mediación,* no solo como asesores legales, sino como facilitadores del acuerdo.

Y lo más importante: si *queremos diferenciarnos en un mercado cada vez más competitivo, debemos hacer de la mediación una fortaleza, no una imposición.*

3. DEL ABOGADO LITIGANTE AL ABOGADO MEDIADOR: EL CAMBIO DE MENTALIDAD

El primer paso para integrar la mediación en nuestra práctica profesional es cambiar nuestra propia percepción sobre ella. *Si seguimos viendo la mediación como una barrera burocrática o un trámite sin sentido antes de demandar, no solo estaremos desperdiciando una oportunidad, sino que también estaremos perjudicando a nuestros clientes.*

Porque la realidad es que *un acuerdo alcanzado en mediación puede ser más beneficioso que una sentencia judicial.* Un juicio supone incertidumbre, costes elevados y desgaste emocional. En cambio, una mediación bien gestionada permite alcanzar soluciones personalizadas, ágiles y satisfactorias para ambas partes.

Para hacer esta transición, hay cuatro claves fundamentales que todo abogado debe asumir:

— *Desarrollar habilidades de negociación:* No basta con conocer la ley; ahora hay que saber negociar acuerdos que beneficien a nuestro cliente.

— *Mejorar la comunicación con el cliente:* Explicar la mediación como una ventaja, no como una imposición.

— *Adquirir técnicas de mediación:* La escucha activa, la reformulación de problemas y la gestión emocional serán herramientas esenciales.

— *Posicionarnos como abogados que resuelven problemas, no solo que litigan.*

Si el cliente nos ve como un solucionador de conflictos y no solo como un litigante, confiará más en nosotros.

Este cambio *no significa que dejemos de litigar,* porque habrá casos en los que el juicio siga siendo necesario. La clave está en saber *cuándo conviene una vía u otra y* en utilizar la mediación como *una herramienta más en nuestra estrategia legal.*

4. VENCIENDO LA RESISTENCIA AL CAMBIO

Es normal que algunos abogados vean la mediación con escepticismo. *Nos han enseñado a litigar, a ganar en los tribunales, a construir casos jurídicos sólidos.* Ahora nos dicen que tenemos que negociar y que, además, es obligatorio intentarlo antes de demandar.

Este cambio puede sentirse como una pérdida de poder, como si nos estuvieran quitando el protagonismo en los casos. *Pero la realidad es que no estamos perdiendo poder; estamos ganando influencia y control sobre los resultados.*

Un abogado que domina la mediación no es un abogado débil. Es un abogado *estratégico, con más herramientas y más recursos para ofrecer soluciones eficaces a sus clientes.*

La sociedad está cambiando. *Los clientes buscan rapidez, eficiencia y soluciones que no los lleven a años de litigios costosos.* Si no nos adaptamos, perderemos relevancia en una profesión que se está transformando.

Conclusión: La abogacía ha cambiado. ¿Nos adaptamos o nos quedamos atrás?

La realidad es clara: *la mediación ha llegado para quedarse.* La *Ley de Eficiencia Procesal n*os obliga a utilizar los MASC antes de litigar, y resistirse a este cambio *solo nos perjudicará a nosotros mismos.*

Este capítulo ha mostrado que la mediación no es un enemigo de la abogacía, sino *una herramienta que nos permite evolucionar.* Ahora, la pregunta es:

¿Seguimos siendo abogados del siglo XX o nos convertimos en los abogados del futuro?

La decisión es nuestra.

Capítulo 3

La mediación en España: evolución, legislación y obligatoriedad

SUMARIO: 1. LA EVOLUCIÓN DE LA MEDIACIÓN EN ESPAÑA: DEL DESCONOCI-
MIENTO A LA NECESIDAD. 2. LA NUEVA LEY DE EFICIENCIA PROCE-
SAL Y LA OBLIGATORIEDAD DE LOS MASC. 3. EXCEPCIONES A LA
OBLIGATORIEDAD DE LA MEDIACIÓN. 4. BENEFICIOS DE LA MEDIA-
CIÓN Y SU IMPACTO EN LA ABOGACÍA.

«La mejor manera de predecir el futuro es crearlo»

Peter Drucker

Del escepticismo a la consolidación de un nuevo modelo de justicia

La mediación ha pasado de ser una herramienta casi desconocida en la abogacía española a convertirse en *una obligación procesal en el ámbito civil y mercantil*. Durante décadas, los tribunales han sido el único escenario donde se han
resuelto disputas de todo tipo, sin considerar que, en muchas ocasiones, los
conflictos pueden solucionarse de manera más eficaz, rápida y satisfactoria para
las partes a través del diálogo y la negociación.

Sin embargo, la saturación del sistema judicial, los costes del litigio y la
creciente necesidad de encontrar soluciones más flexibles han impulsado un
cambio de paradigma. Con la entrada en vigor de la *Ley Orgánica 1/2025 de Eficiencia Procesal*, la mediación y otros *Medios Adecuados de Solución de Controversias (MASC)* dejan de ser una alternativa opcional para convertirse en *un
requisito previo obligatorio antes de iniciar una demanda en materia civil y mercantil*.

Este capítulo analizará cómo ha evolucionado la mediación en España, cuál
ha sido su recorrido legislativo, y en qué consiste la obligatoriedad de intentar
un acuerdo antes de acudir a los tribunales.

1. LA EVOLUCIÓN DE LA MEDIACIÓN EN ESPAÑA: DEL DESCONOCIMIENTO A LA NECESIDAD

La mediación no es un concepto nuevo. A lo largo de la historia, han existido figuras de conciliadores, negociadores y árbitros encargados de resolver disputas fuera de los tribunales. *Sin embargo, en España, la mediación no ha tenido una implantación sólida hasta hace pocas décadas*.

De la informalidad a la institucionalización:

1. *Primeros antecedentes*: Aunque la mediación formal es reciente en nuestro país, siempre han existido figuras que actuaban como intermediarios en conflictos comunitarios, comerciales o familiares. No obstante, durante siglos, la justicia española ha sido eminentemente litigiosa y centrada en el procedimiento judicial como única vía para resolver disputas.

2. *Los primeros pasos normativos*: La mediación comenzó a formalizarse con la aparición de normas específicas en materia familiar, mercantil y penal juvenil. Pero no fue hasta el siglo XXI cuando se empezó a legislar de manera más clara y estructurada en esta materia.

3. *Un hito clave: la Directiva 2008/52/CE*: En 2008, el Parlamento Europeo aprobó esta directiva para impulsar la mediación en asuntos civiles y mercantiles en los países miembros. Como consecuencia, España se vio obligada a desarrollar un marco legal propio para incorporar la mediación dentro de su sistema jurídico.

4. *La Ley 5/2012 de mediación en asuntos civiles y mercantiles*: Esta norma fue el primer gran paso para regular de forma específica la mediación en España, estableciendo sus principios básicos y fomentando su uso. Sin embargo, su aplicación fue limitada y su impacto real en la cultura jurídica fue menor de lo esperado.

5. *Avances progresivos, pero lentos*: A pesar de las normativas y de los beneficios de la mediación, su implantación ha sido más lenta que en otros países como Francia, Alemania o Reino Unido, donde este método está consolidado como una parte fundamental del sistema judicial.

2. LA NUEVA LEY DE EFICIENCIA PROCESAL Y LA OBLIGATORIEDAD DE LOS MASC

El gran salto de la mediación en España se produce con la *Ley Orgánica 1/2025 de Eficiencia Procesal, que introduce la obligación de intentar un MASC antes de presentar una demanda en los tribunales civiles y mercantiles*.

Esta normativa tiene un objetivo claro: *descongestionar los tribunales y fomentar una cultura de resolución extrajudicial de conflictos*. No se trata de imponer acuerdos, sino de dar a las partes la oportunidad real de solucionar sus problemas de una manera más ágil y menos costosa.

¿Qué implica la obligatoriedad de la mediación y otros MASC?

— No se podrá presentar una demanda sin acreditar que se ha intentado un MASC (salvo en excepciones concretas).

— Los abogados deberán asesorar a sus clientes sobre la mediación y otras vías alternativas al litigio.

— Se prioriza la mediación en ámbitos como derecho de familia, herencias, conflictos mercantiles y relaciones contractuales.

— Se establecen incentivos económicos y procesales para quienes acudan a la mediación antes de litigar.

Esta medida busca un cambio en la mentalidad jurídica y en la percepción de los ciudadanos sobre la justicia. *Ya no se trata solo de «ganar un juicio», sino de encontrar soluciones eficientes que beneficien a todas las partes implicadas*.

3. EXCEPCIONES A LA OBLIGATORIEDAD DE LA MEDIACIÓN

La ley establece *ciertas excepciones* a la exigencia de intentar un MASC antes de acudir a los tribunales. Entre ellas se encuentran:

— *Casos de violencia de género y otros tipos de violencia sobre la mujer*. En estos asuntos, no se exige mediación previa por el evidente desequilibrio entre las partes.

— *Conflictos donde una de las partes sea una administración pública*. En estos casos, los mecanismos administrativos y judiciales ya contemplan otras vías de resolución.

— *Cuando el acuerdo extrajudicial sea inviable*. Si existen circunstancias que impidan una mediación efectiva (por ejemplo, una de las partes se niega a negociar de buena fe), se podrá justificar la imposibilidad de llegar a un acuerdo previo.

Fuera de estos casos, la mediación será una *fase obligatoria y previa a cualquier procedimiento judicial*.

4. BENEFICIOS DE LA MEDIACIÓN Y SU IMPACTO EN LA ABOGACÍA

Más allá de su obligatoriedad, la mediación aporta *ventajas claras tanto para los clientes como para los propios abogados*.

Para los clientes:

— *Ahorro de tiempo y dinero*. Un litigio puede durar años, mientras que una mediación bien gestionada puede resolverse en semanas.

— *Mayor control sobre el resultado*. En un juicio, la decisión la toma un juez; en una mediación, las partes tienen la oportunidad de encontrar su propia solución.

— *Menos estrés y desgaste emocional*. Los procesos judiciales suelen ser largos y costosos en términos emocionales.

Para los abogados:

— *Ampliación de competencias y especialización*. Dominar la mediación permitirá a los abogados diferenciarse en un mercado cada vez más competitivo.

— *Más fidelización y confianza del cliente*. Un abogado que ofrece soluciones ágiles y eficientes genera más confianza y mayor fidelización.

— *Menos dependencia del litigio*. La mediación no elimina la necesidad de litigar, pero sí permite diversificar la práctica profesional.

Conclusión: La mediación no es el futuro, es el presente

El sistema judicial español está evolucionando hacia un modelo más eficiente, y la mediación es el pilar fundamental de esta transformación. *La Ley de Eficiencia Procesal no es solo una norma más, sino el reflejo de una necesidad real de cambiar la forma en que resolvemos conflictos.*

Para los abogados, este cambio supone un reto, pero también una gran oportunidad. *Quienes sepan adaptarse y dominar la mediación no solo cumplirán con la nueva normativa, sino que estarán posicionándose como profesionales más versátiles, eficientes y valorados.*

La abogacía ya no puede permitirse ver la mediación como una amenaza o una simple formalidad. *Es el momento de abrazar esta transformación y convertirnos en los abogados del futuro.*

Porque la justicia no solo se trata de ganar o perder. *Se trata de resolver.*

Capítulo 4

La mediación en el mundo: lecciones de los modelos más avanzados

«No hay justicia sin equidad, ni equidad sin diálogo»

Nelson Mandela

De la experiencia internacional a la transformación del sistema español

La mediación ha ido ganando protagonismo en los sistemas jurídicos de todo el mundo. No es una tendencia nueva, sino una evolución lógica en la forma en que los conflictos pueden resolverse de manera más eficiente, sin la necesidad de recurrir siempre a los tribunales. Sin embargo, mientras en algunos países como *Estados Unidos y Reino Unido* su implementación ha sido exitosa y ampliamente utilizada, en otros, como España, todavía enfrenta resistencias estructurales y culturales.

Con la entrada en vigor de la *Ley 1/2025 de Eficiencia Procesal*, España se encuentra en un momento crucial para transformar su sistema de resolución de conflictos. La obligatoriedad de acudir a un Medio Adecuado de Solución de Controversias (MASC) antes de litigar puede marcar un punto de inflexión, pero para ello *es esencial analizar qué han hecho otros países para consolidar la mediación y qué lecciones podemos aplicar en nuestro propio sistema.*

Este capítulo explorará cómo *Estados Unidos y Reino Unido han desarrollado y consolidado la mediación como una herramienta fundamental en la administración de justicia*. Además, se analizarán los desafíos que España debe superar para que la mediación deje de ser una alternativa teórica y se convierta en *una vía real y eficaz para la resolución de conflictos*.

1. ESTADOS UNIDOS: UN MODELO CONSOLIDADO

Estados Unidos ha sido pionero en la mediación, convirtiéndola en una pieza clave de su sistema judicial. Sus inicios se remontan a la década de 1970, cuando comenzó a utilizarse en disputas comunitarias y familiares como una forma de evitar largos y costosos procesos judiciales. En las siguientes décadas, *su aplicación se extendió a litigios comerciales, laborales y civiles*, respondiendo a la creciente saturación de los tribunales y a la necesidad de ofrecer soluciones más rápidas y accesibles.

1.1. DIFERENTES MODELOS DE MEDIACIÓN

El éxito de la mediación en EE.UU. se debe, en gran parte, a su enfoque *pragmático y flexible*. No existe un único modelo de mediación, sino que *se han desarrollado distintas metodologías adaptadas a la naturaleza del conflicto y a las necesidades de las partes:*

— *Mediación facilitativa*: En este modelo, el mediador actúa como un facilitador neutral, ayudando a las partes a negociar, pero sin imponer soluciones. Su objetivo es mejorar la comunicación y guiar a los implicados hacia un acuerdo mutuamente satisfactorio.

— *Mediación evaluativa*: Aquí, el mediador adopta un rol más activo y, además de facilitar la negociación, *proporciona una valoración objetiva sobre el caso*, señalando las posibles consecuencias jurídicas si se llegase a juicio.

— *Mediación transformativa*: Se centra no solo en resolver el conflicto puntual, sino en mejorar la relación entre las partes, promoviendo el entendimiento y el reconocimiento mutuo.

1.2. EL PAPEL DE LOS TRIBUNALES EN LA DIFUSIÓN DE LA MEDIACIÓN

Uno de los factores clave en el éxito de la mediación en EE.UU. ha sido *la intervención del sistema judicial para integrarla dentro del proceso legal*. En muchos estados, se han establecido *programas obligatorios de mediación*, exigiendo que las partes asistan a sesiones de mediación antes de que el litigio pueda avanzar en los tribunales.

Por ejemplo, en *conflictos familiares, laborales y comerciales de menor cuantía*, las partes están obligadas a intentar una solución mediada antes de acudir al juez. Este enfoque ha demostrado ser eficaz, ya que ha permitido *reducir drásticamente la carga judicial* y ha fomentado una cultura de resolución de conflictos basada en el diálogo y la cooperación.

2. REINO UNIDO DE LA RECOMENDACIÓN A LA OBLIGATORIEDAD PARCIAL

El sistema inglés de mediación ha seguido una evolución diferente, pero igualmente efectiva. *No impuso la mediación de forma generalizada desde el principio, sino que fue integrándola progresivamente hasta convertirla en una herramienta esencial dentro del proceso judicial.*

2.1. EL PUNTO DE INFLEXIÓN: LA REFORMA DE LAS CIVIL PROCEDURE RULES (CPR) EN 1998

El verdadero impulso a la mediación en Inglaterra llegó con la reforma de las *Civil Procedure Rules (CPR) en 1998*, que introdujeron el principio de *«Proporcionalidad y Gestión del Caso»*. Bajo este marco, los tribunales comenzaron a *fomentar activamente la mediación* como la vía preferente para resolver disputas.

A diferencia del modelo estadounidense, en Reino Unido no se estableció una obligación estricta de acudir a la mediación en todos los casos. En su lugar, *se otorgó a los jueces el poder de incentivar y, en ciertos casos, imponer la mediación antes de permitir que un litigio avance en los tribunales*.

2.2. LAS SANCIONES POR RECHAZAR LA MEDIACIÓN

Uno de los aspectos más innovadores del sistema inglés ha sido *la posibilidad de sancionar en costas a las partes que rechacen injustificadamente la mediación*.

Ejemplo:

Si una empresa se niega a participar en una mediación en un litigio comercial sin aportar una razón válida, el juez puede *ordenarle pagar las costas procesales incluso si gana el caso*, como una forma de penalización por no haber intentado una resolución negociada.

Este modelo ha conseguido que muchas partes opten por la mediación *no porque sea obligatoria, sino porque su rechazo puede resultar perjudicial en términos económicos y procesales*.

3. EL DESAFÍO DE ESPAÑA ANTE LA LEY 1/2025 DE EFICIENCIA PROCESAL

A pesar de los avances normativos en España, la mediación *todavía no se ha consolidado como una herramienta real de resolución de conflictos*. La *Ley 5/2012 de mediación en asuntos civiles y mercantiles* estableció un marco legal para su aplicación, pero su impacto ha sido limitado debido a la falta de incentivos y de una cultura mediadora consolidada.

La *Ley Órganica 1/2025 de Eficiencia Procesal* introduce *la obligatoriedad de intentar la mediación en ciertos procedimientos judiciales*. Este cambio se alinea con la tendencia internacional y busca reducir la litigiosidad, descongestionar los tribunales y *promover acuerdos más ágiles y satisfactorios para las partes*.

3.1. MEDIDAS NECESARIAS PARA QUE LA MEDIACIÓN EN ESPAÑA SEA EFECTIVA

Para que esta reforma tenga éxito, España debe adoptar *medidas concretas que han demostrado ser efectivas en EE.UU. y Reino Unido*:

— *Incorporar incentivos procesales y económicos,* para quienes recurran a la mediación antes del litigio.

— *Establecer sanciones para quienes rechacen la mediación sin causa justificada*, siguiendo el modelo inglés.

— *Crear tribunales especializados en resolución alternativa de conflictos,* que faciliten el acceso a la mediación.

— *Invertir en formación y certificación de mediadores*, garantizando su profesionalización.

— *Fomentar la mediación online*, aprovechando la digitalización para hacerla más accesible.

4. LA OPORTUNIDAD HISTÓRICA DE ESPAÑA

La mediación ha demostrado ser una *herramienta eficaz en EE.UU. e Inglaterra*, permitiendo gestionar litigios de forma más eficiente y promoviendo una cultura de resolución pacífica de conflictos:

— *España se encuentra ahora en un punto de inflexión*, donde la implementación de la Ley Orgánica 1/2025 representa una oportunidad para transformar la justicia y alinearse con las mejores prácticas internacionales.

— *Para que esta reforma sea efectiva, es necesario superar los desafíos culturales y estructurales*, que aún persisten y convertir la mediación en un mecanismo prioritario para la resolución de conflictos.

Porque la mediación no es solo una alternativa. *Es el presente y el futuro de la justicia.*

Capítulo 5

Mediación obligatoria vs. mediación voluntaria: ¿Cuál es mejor?

SUMARIO: 1. MEDIACIÓN OBLIGATORIA: REGULACIÓN Y RETOS. 2. MEDIACIÓN VOLUNTARIA: FLEXIBILIDAD Y DESAFÍOS. 3. LECCIONES INTERNACIONALES PARA ESPAÑA.

«No hay camino para la paz, la paz es el camino»

Mahatma Gandhi

El debate entre la mediación obligatoria y la mediación voluntaria es crucial para definir el modelo más efectivo en la resolución de conflictos. *La experiencia internacional demuestra que ambas opciones tienen ventajas y desafíos*, y que su éxito depende en gran medida de la implementación que se haga dentro del sistema judicial. Con la Ley Orgánica 1/2025 de Eficiencia Procesal en España, la mediación está llamada a jugar un papel clave, pero es esencial analizar qué modelo es más adecuado para el contexto español.

1.   MEDIACIÓN OBLIGATORIA: REGULACIÓN Y RETOS

La mediación obligatoria implica que las partes deben intentar un proceso de mediación antes de acudir a los tribunales. Este modelo ha sido implementado en diversos países con éxito, aunque también ha generado ciertos problemas cuando no se ha estructurado correctamente.

Ventajas de la mediación obligatoria:

—   *Reducción de la carga judicial*: En sistemas como el francés y el estadounidense, la mediación obligatoria ha permitido disminuir el número de casos que llegan a los tribunales, aliviando la saturación del sistema judicial.

— *Fomento de una cultura de resolución alternativa*: Obligar a las partes a participar en la mediación promueve una mentalidad menos confrontativa y más orientada al acuerdo, lo que a largo plazo genera una mayor predisposición a resolver conflictos sin necesidad de litigar.

— *Mayor índice de cumplimiento de los acuerdos*: Al participar en la solución de su propio conflicto, las partes suelen comprometerse más con el cumplimiento del acuerdo alcanzado en la mediación.

Desafíos de la mediación obligatoria:

— *Percepción de imposición*: Si las partes no ven la mediación como una opción voluntaria, pueden participar sin convicción, lo que podría resultar en acuerdos débiles o en la simple dilatación del conflicto antes del litigio.

— *Riesgo de colapso si no hay suficientes mediadores*: La imposición de la mediación en sistemas con recursos limitados ha generado cuellos de botella, retrasando los procesos en lugar de agilizarlos. España debe garantizar la existencia de mediadores capacitados antes de ampliar su obligatoriedad.

— *No todos los casos son aptos para mediación*: En conflictos con un fuerte desequilibrio de poder, como violencia de género o abusos laborales, la mediación puede ser ineficaz o incluso perjudicial. La normativa debe establecer excepciones claras en estos casos.

2. MEDIACIÓN VOLUNTARIA: FLEXIBILIDAD Y DESAFÍOS

La mediación voluntaria permite a las partes decidir si desean intentar resolver su conflicto antes de acudir a un tribunal. Este modelo ha sido exitoso en países donde existen incentivos adecuados para su uso.

Ventajas de la mediación voluntaria:

— *Mayor disposición al acuerdo*: Cuando las partes eligen participar en la mediación, existe una mayor predisposición a negociar en buena fe y alcanzar soluciones satisfactorias.

— *Preservación de la autonomía de las partes*: No se impone una solución ni se obliga a dialogar si no hay voluntad, lo que evita la sensación de coerción y refuerza la legitimidad de los acuerdos alcanzados.

— *Evita la judicialización innecesaria*: En países como los Países Bajos, la mediación voluntaria ha reducido significativamente los litigios en casos mercantiles y civiles, sin necesidad de imponer su uso de manera obligatoria.

Desafíos de la mediación voluntaria:

— *Baja adopción sin incentivos adecuados*: En sistemas donde la mediación no es obligatoria ni incentivada, muchas partes optan por litigar sin considerar la posibilidad de resolver el conflicto de manera alternativa.

— *Uso estratégico para dilatar procesos*: En algunos casos, una de las partes puede aceptar la mediación como una estrategia para ganar tiempo y retrasar el procedimiento judicial.

— *Desigualdad en el acceso*: Si bien la mediación voluntaria es más flexible, puede beneficiar a quienes tienen más recursos o información para utilizarla, dejando fuera a quienes no conocen su funcionamiento o no pueden permitirse un mediador privado.

3. LECCIONES INTERNACIONALES PARA ESPAÑA

Para implementar un sistema de mediación efectivo, España debe aprender de los errores y aciertos de otros países:

— *Francia y la mediación obligatoria*: Su éxito radica en que se estableció un marco normativo claro, con mediadores certificados y una regulación que obliga a mediar en ciertos casos, pero dejando margen de acción para que el juez determine cuándo es inapropiada.

— *Reino Unido y los incentivos procesales*: La clave de su modelo ha sido la imposición de sanciones económicas a quienes rechazan la mediación sin justificación, generando una cultura donde la mediación es la opción preferida sin necesidad de obligatoriedad absoluta.

— *Estados Unidos y la especialización*: Han desarrollado tribunales específicos para mediación, lo que ha permitido su integración en el sistema judicial sin generar demoras innecesarias.

— *Italia y la sobrecarga del sistema*: La imposición de la mediación en demasiados casos sin contar con un número suficiente de mediadores cualificados generó un colapso del sistema, lo que debe servir de advertencia para España.

Conclusión: ¿Cuál es el mejor modelo para España?

No existe un modelo único de mediación que funcione para todos los países, pero la combinación de obligatoriedad en ciertos casos con incentivos para su adopción en otros parece ser la fórmula más efectiva:

— *Mediación obligatoria en disputas familiares y civiles menores*: En casos de divorcio, custodia y conflictos vecinales, la mediación obligatoria puede ser una herramienta eficaz para reducir la carga judicial y promover acuerdos satisfactorios.

— *Mediación incentivada en el ámbito mercantil y laboral*: Ofrecer beneficios fiscales o procesales a las empresas que opten por la mediación antes de litigar fomentaría su adopción sin necesidad de imponerla.

— *Sanciones por rechazar la mediación sin justificación*: Siguiendo el modelo inglés, España podría establecer penalizaciones en costas para quienes desestimen la mediación sin un motivo válido.

— *Fortalecimiento de la formación y certificación de mediadores*: Antes de ampliar la mediación obligatoria, es esencial contar con un número adecuado de profesionales capacitados para evitar el colapso del sistema.

El éxito de la mediación en España dependerá de su implementación gradual y bien estructurada. Un modelo híbrido, que combine obligatoriedad en casos específicos con incentivos en otros, permitirá aprovechar sus ventajas sin caer en los errores que otros países han experimentado. *Con la Ley 1/2025, España tiene la oportunidad histórica de transformar su sistema de justicia y consolidar la mediación como una herramienta eficaz para la resolución de conflictos.*

Parte II
Habilidades esenciales del abogado mediador

Capítulo 6

Habilidades esenciales del abogado mediador

SUMARIO: 1. EL CAMBIO DE MENTALIDAD: DE LA CONFRONTACIÓN A LA COLA-BORACIÓN. 2. LA ESCUCHA ACTIVA: LA HERRAMIENTA MÁS PODE-ROSA DEL ABOGADO MEDIADOR. 3. INTELIGENCIA EMOCIONAL: SABER GESTIONAR LAS EMOCIONES PROPIAS Y AJENAS. 4. COMUNI-CACIÓN EFECTIVA: LA CLAVE PARA CONSTRUIR ACUERDOS. 5. HABI-LIDADES DE NEGOCIACIÓN: EL ARTE DE ENCONTRAR SOLUCIO-NES. 6. ADAPTABILIDAD Y CREATIVIDAD: LA CAPACIDAD DE ENCON-TRAR SOLUCIONES FUERA DEL MARCO TRADICIONAL.

«Las habilidades blandas son las nuevas habilidades duras»

Daniel Goleman

Más allá del derecho: las competencias que marcarán la diferencia

La abogacía siempre ha sido una profesión técnica, fundamentada en el conocimiento del derecho y en la capacidad de argumentar con solidez. Sin embargo, el nuevo escenario que se plantea con la mediación nos exige *un cambio profundo en la forma en que abordamos los conflictos*. Ya no basta con conocer la ley; ahora es imprescindible desarrollar *habilidades comunicativas, emocionales y estratégicas* para poder desempeñarnos con éxito en los procesos de mediación y negociación.

La transición de abogado litigante a abogado mediador implica *un giro en la mentalidad profesional*. Se trata de *pasar de una visión confrontativa a una visión colaborativa*, donde el objetivo no es ganar un juicio, sino lograr una solución satisfactoria para las partes en conflicto.

En este capítulo, analizaremos las *habilidades esenciales que todo abogado mediador debe desarrollar* para desempeñar con éxito su nuevo rol. Desde la *escucha activa* hasta la *inteligencia emocional*, pasando por la *capacidad de gestionar conflictos y facilitar acuerdos*, estas competencias no solo harán que un abogado sea más eficaz en la mediación, sino que también lo diferenciarán en un mercado cada vez más competitivo.

1. EL CAMBIO DE MENTALIDAD: DE LA CONFRONTACIÓN A LA COLABORACIÓN

Para muchos abogados, la mediación supone *un cambio drástico en su forma de trabajar*. Hasta ahora, el foco ha estado en preparar estrategias para litigar, presentar pruebas, impugnar argumentos del contrario y persuadir a un juez. *La dinámica de la mediación es completamente diferente:*

— *No hay un «ganador» ni un «perdedor».* En la mediación, el objetivo no es vencer al adversario, sino alcanzar un acuerdo que beneficie a ambas partes.

— *No se trata de convencer, sino de facilitar el diálogo.* El abogado ya no es solo un defensor, sino también un guía que ayuda a su cliente a entender las oportunidades de un acuerdo.

— *La comunicación es clave.* Saber escuchar y reformular problemas es tan importante como conocer la normativa aplicable.

Este cambio de enfoque es *el primer paso para convertirse en un abogado mediador eficaz*. Pero para ello, es fundamental adquirir habilidades específicas que nos permitan navegar con éxito en los procesos de mediación.

2. LA ESCUCHA ACTIVA: LA HERRAMIENTA MÁS PODEROSA DEL ABOGADO MEDIADOR

Un error común en la abogacía tradicional es *escuchar para responder, en lugar de escuchar para entender*. En el litigio, estamos acostumbrados a *identificar puntos débiles en el discurso del adversario* para rebatirlos lo antes posible. En la mediación, este enfoque no funciona.

La *escucha activa* es la capacidad de prestar *atención real a lo que la otra parte dice, interpretar correctamente su mensaje y demostrar que hemos comprendido su postura*. Esto genera confianza, facilita la comunicación y ayuda a encontrar soluciones viables.

Claves para desarrollar la escucha activa en mediación:

— *Evitar interrupciones.* Permitir que la otra parte se exprese sin interrumpir refuerza la sensación de que su opinión es valorada.

— *Parafrasear y reformular.* Repetir lo que el cliente o la otra parte ha dicho con nuestras propias palabras ayuda a clarificar ideas.

— *Observar el lenguaje no verbal*. Muchas veces, la verdadera intención de una persona no está en sus palabras, sino en su tono de voz y expresiones faciales.

— *Mostrar interés*. Asentir, mantener contacto visual y responder de forma empática refuerza la conexión con las partes en conflicto.

Cuando un abogado escucha de verdad, *puede detectar oportunidades de acuerdo que, de otro modo, pasarían desapercibidas*.

3. INTELIGENCIA EMOCIONAL: SABER GESTIONAR LAS EMOCIONES PROPIAS Y AJENAS

Los conflictos legales, sean del tipo que sean, siempre implican una carga emocional importante. Como abogados, hemos aprendido a *centrarnos en los hechos y en la normativa*, pero la realidad es que *las emociones influyen profundamente en la toma de decisiones*.

¿Por qué es clave la inteligencia emocional en la mediación?

— Permite manejar situaciones de tensión sin que escalen a confrontaciones.

— Ayuda a comprender mejor a las partes y sus verdaderos intereses.

— Favorece la construcción de acuerdos sostenibles en el tiempo.

Un buen abogado mediador debe saber *gestionar sus propias emociones*, para no dejarse arrastrar por la tensión del proceso, y también debe saber *identificar y regular las emociones de las partes*, facilitando un ambiente propicio para el diálogo.

Claves para desarrollar la inteligencia emocional en la mediación:

— *Autoconocimiento*: Identificar cómo nos afectan las situaciones de conflicto y aprender a regular nuestras reacciones.

— *Empatía*: Ponerse en el lugar de cada una de las partes para entender mejor sus necesidades.

— *Control emocional*: No dejar que las emociones propias influyan en la imparcialidad del proceso.

— *Gestión del estrés*: Saber mantener la calma en momentos de tensión facilita la resolución de conflictos.

Cuando un abogado desarrolla su inteligencia emocional, *no solo mejora en mediación, sino en toda su práctica profesional*.

La inteligencia emocional es una de las herramientas más poderosas para cualquier profesional, pero en la mediación se convierte en un pilar fundamental.

¿Por qué? Porque gestionar conflictos implica lidiar con emociones intensas, tanto de nuestros clientes como de la parte contraria.

Componentes clave de la inteligencia emocional en la mediación:

— *Autoconciencia*: Un abogado que no es consciente de sus propias emociones no podrá manejarlas en un proceso de mediación. Saber cómo reaccionamos ante el conflicto nos ayuda a mantener la calma y actuar estratégicamente.

— *Autorregulación*: La capacidad de controlar impulsos y evitar respuestas emocionales descontroladas es clave para facilitar acuerdos en una mediación.

— *Empatía*: Ponerse en el lugar del otro, comprender sus emociones y necesidades, y demostrar una actitud de escucha real facilita enormemente la negociación.

— *Habilidades sociales*: Saber comunicarse con claridad y gestionar las relaciones interpersonales de manera efectiva es indispensable en la mediación.

El éxito en mediación no depende solo del conocimiento del derecho, sino de cómo *gestionamos las emociones propias y ajenas*.

4. COMUNICACIÓN EFECTIVA: LA CLAVE PARA CONSTRUIR ACUERDOS

La mediación no funciona si las partes no se sienten escuchadas o comprendidas. La habilidad de transmitir ideas con claridad, evitar malentendidos y facilitar el diálogo es una de las competencias más valiosas para un abogado mediador.

Estrategias para una comunicación efectiva en mediación:

— *Escucha activa*: No se trata solo de oír lo que dice la otra parte, sino de demostrar interés real y reformular sus palabras para asegurar que hemos comprendido bien.

— *Preguntas estratégicas*: Saber qué preguntar y cómo hacerlo puede desbloquear conflictos y llevar a soluciones creativas.

— *Evitar el lenguaje técnico excesivo:* En mediación, la comunicación debe ser accesible y clara para todas las partes.

— *Reformulación de mensajes:* A veces, simplemente cambiar la forma en que se dice algo puede transformar un conflicto en una oportunidad de acuerdo.

Un abogado que domina la comunicación tiene más probabilidades de lograr acuerdos y reducir la resistencia de las partes.

5. HABILIDADES DE NEGOCIACIÓN: EL ARTE DE ENCONTRAR SOLUCIONES

Un abogado mediador no impone soluciones, pero sí debe saber conducir la negociación para que las partes lleguen a un acuerdo. La negociación en mediación *no es la misma que en el litigio*. Aquí, el objetivo no es sacar la mayor ventaja posible para una parte, sino *buscar un punto en el que ambas partes se sientan satisfechas*.

Técnicas clave de negociación en mediación:

— *Centrarse en intereses, no en posiciones*. En lugar de defender una postura rígida, hay que identificar qué es realmente importante para cada parte.

— *Crear valor antes de distribuirlo*. Antes de discutir quién cede qué, hay que explorar opciones que beneficien a ambas partes.

— *Buscar soluciones flexibles*. A veces, un acuerdo requiere salir del marco inicial del conflicto y encontrar alternativas innovadoras.

— *Saber ceder estratégicamente*. No se trata de perder, sino de hacer concesiones inteligentes que permitan cerrar un acuerdo satisfactorio.

La diferencia entre un abogado litigante y un abogado mediador es que *el primero defiende una postura, mientras que el segundo busca un resultado favorable para todos*.

6. ADAPTABILIDAD Y CREATIVIDAD: LA CAPACIDAD DE ENCONTRAR SOLUCIONES FUERA DEL MARCO TRADICIONAL

Cada conflicto es diferente, y lo que funciona en un caso puede no ser útil en otro. La capacidad de *adaptarse a diferentes situaciones, ser flexible y buscar soluciones innovadoras* es esencial en la mediación.

Ejemplo de creatividad en mediación:

— Un acuerdo de divorcio donde una pareja decide compartir una vivienda durante seis meses al año cada uno, en lugar de venderla y repartir el dinero.

53

— Un conflicto laboral en el que la empresa ofrece formación adicional en lugar de una indemnización económica.

Los abogados que dominan esta habilidad pueden ofrecer soluciones más *efectivas y satisfactorias* que los que se limitan a la vía judicial tradicional.

Conclusión: Un nuevo perfil de abogado para una nueva era

El modelo de abogacía basado únicamente en el litigio *está quedando obsoleto.* La mediación no es solo un requisito legal, sino una oportunidad para los abogados que sepan *desarrollar las habilidades necesarias para resolver conflictos de manera más efectiva y humana:*

— La escucha activa nos permite entender mejor a las partes y generar confianza.

— La inteligencia emocional nos ayuda a gestionar conflictos sin que escalen.

— Las técnicas de negociación nos permiten encontrar acuerdos beneficiosos para ambas partes.

El abogado del futuro *no será solo un experto en derecho, sino también un experto en personas y en gestión de conflictos.*

La pregunta es: *¿queremos ser abogados que solo litigan o queremos ser abogados que realmente resuelven problemas?*

El futuro de la abogacía está en nuestras manos.

Capítulo 7

Comunicación efectiva en mediación y resolución de conflictos

SUMARIO: 1. LA IMPORTANCIA DE LA COMUNICACIÓN EN LA MEDIACIÓN. 2. LA ESCUCHA ACTIVA: ENTENDER ANTES DE SER ENTENDIDO. 3. EL PODER DEL LENGUAJE: CÓMO TRANSFORMAR CONFLICTOS EN ACUERDOS. 4. COMUNICACIÓN NO VERBAL: LO QUE DECIMOS SIN PALABRAS.

«No es lo que dices, sino cómo lo dices»

Deborah Tannen

El lenguaje como herramienta para construir acuerdos

La comunicación es la base de cualquier relación humana, y en la mediación adquiere una importancia vital. Un proceso de mediación exitoso *no depende únicamente del conocimiento jurídico o de la voluntad de las partes de alcanzar un acuerdo, sino de cómo se comunican entre sí y con el mediador*. La manera en la que *expresamos nuestras ideas*, la forma en la que escuchamos y el lenguaje que utilizamos pueden marcar la diferencia entre una solución consensuada y un bloqueo total.

El abogado mediador, más que un defensor de una postura, es un *facilitador del diálogo*. Su papel no es imponer soluciones, sino crear un espacio en el que las partes puedan expresarse, comprenderse y encontrar puntos de encuentro. Para ello, es imprescindible dominar técnicas de comunicación efectiva que permitan gestionar las emociones, reformular el conflicto y guiar la conversación hacia acuerdos sostenibles.

Este capítulo explorará las herramientas clave para una comunicación eficaz en la mediación, desde la escucha activa hasta el uso estratégico del lenguaje no verbal, pasando por la gestión de emociones y la técnica de reformulación.

1. LA IMPORTANCIA DE LA COMUNICACIÓN EN LA MEDIACIÓN

La mediación es, ante todo, un proceso de comunicación. Sin una comunicación efectiva, las partes difícilmente podrán entenderse ni llegar a un acuerdo. Los conflictos, en muchas ocasiones, no son más que *malentendidos mal gestionados*. Por ello, la función del abogado mediador es canalizar la comunicación entre las partes y garantizar que esta sea clara, respetuosa y productiva.

En este sentido, hay tres errores comunicativos frecuentes en la resolución de conflictos:

— *Escuchar para responder, en lugar de escuchar para entender*. En un litigio, los abogados están acostumbrados a preparar su próximo argumento mientras la otra parte habla. En mediación, esta estrategia no funciona. Aquí es crucial escuchar con atención real para comprender las preocupaciones y motivaciones del otro.

— *Uso de un lenguaje agresivo o defensivo*. Cuando una de las partes se siente atacada, su reacción natural es defenderse o contraatacar, lo que genera un círculo de confrontación que hace imposible el diálogo. Un lenguaje calmado y positivo contribuye a reducir la tensión y fomenta el entendimiento mutuo.

— *No tener en cuenta la comunicación no verbal*. Los gestos, la postura, la mirada y el tono de voz influyen tanto o más que las palabras. Muchas veces, un mensaje puede interpretarse de manera distinta en función del tono y el lenguaje corporal con el que se expresa.

Si el abogado mediador domina estos aspectos, podrá *facilitar la comunicación y generar un ambiente propicio para el acuerdo*.

2. LA ESCUCHA ACTIVA: ENTENDER ANTES DE SER ENTENDIDO

Uno de los pilares de la mediación es la escucha activa, que no es simplemente oír lo que la otra parte dice, sino comprender su mensaje y demostrarle que ha sido escuchado.

¿Por qué es tan importante la escucha activa en mediación?

— *Genera confianza*. Cuando una persona siente que se le escucha con interés y sin juicios, es más probable que se abra al diálogo.

— *Evita malentendidos*. Muchas disputas surgen de interpretaciones erróneas de las palabras del otro.

— *Facilita la búsqueda de soluciones*. Al entender bien las preocupaciones de la otra parte, es más fácil identificar áreas de acuerdo.

Técnicas para una escucha activa efectiva:

— *Parafrasear*: Repetir lo que ha dicho la otra parte con nuestras propias palabras para verificar que hemos entendido correctamente. Ejemplo:

Parte A: «No quiero que mi socio siga tomando decisiones sin consultarme».

Mediador: «Si te he entendido bien, lo que te preocupa es que no estás participando en la toma de decisiones de la empresa, ¿es así?».

— *Reformular en positivo*: Si una parte expresa su postura de manera agresiva o negativa, el mediador puede reformularla en términos más neutrales o constructivos.

Parte B: «No voy a ceder ni un euro porque él ha sido un irresponsable».

Mediador: «Entiendo que consideras que es importante llegar a un acuerdo justo para ambas partes».

— *Validación emocional:* Mostrar empatía y reconocer las emociones sin dar la razón ni posicionarse.

«Veo que este tema te genera mucha frustración, y es comprensible».

— *Silencio estratégico:* No siempre es necesario responder de inmediato. A veces, un silencio bien colocado permite que la otra persona reflexione y continúe expresando su punto de vista.

3. EL PODER DEL LENGUAJE: CÓMO TRANSFORMAR CONFLICTOS EN ACUERDOS

Las palabras tienen un impacto directo en la forma en que se desarrolla una mediación. Un lenguaje mal utilizado puede generar más confrontación, mientras que un lenguaje bien empleado puede suavizar tensiones y acercar posturas.

Errores comunes en el uso del lenguaje en mediación:

— Usar frases absolutistas: «Siempre haces lo mismo». / «Nunca escuchas». / «Es imposible llegar a un acuerdo contigo».

— Personalizar el conflicto: «Tú eres el problema». en lugar de «Tenemos un problema que debemos resolver juntos».

— Culpar en lugar de buscar soluciones: «Todo esto es culpa tuya». en lugar de «Creo que podemos encontrar una solución que nos beneficie a ambos».

Cómo utilizar el lenguaje de manera efectiva:

— *Enfocarse en el problema, no en la persona*. En lugar de atacar a la otra parte, centrar la conversación en el conflicto y su resolución.

— *Usar un lenguaje positivo y colaborativo*. Expresiones como «exploremos opciones», «veamos qué podemos hacer» o «¿cómo podríamos encontrar una solución que funcione para ambos?» fomentan el diálogo.

— *Evitar frases cerradas que limiten el acuerdo*. En lugar de «No voy a aceptar eso», decir «Me gustaría entender mejor tu punto de vista y ver qué opciones tenemos».

El lenguaje tiene el poder de cambiar la percepción de un conflicto y abrir nuevas oportunidades de negociación.

4. COMUNICACIÓN NO VERBAL: LO QUE DECIMOS SIN PALABRAS

En mediación, no solo importan las palabras. Los gestos, la postura, el tono de voz y la expresión facial pueden transmitir más que el discurso verbal.

Aspectos clave de la comunicación no verbal en mediación:

— *Contacto visual*: Mantener una mirada equilibrada genera confianza y muestra interés.

— *Postura abierta y relajada*: Evitar cruzar los brazos o inclinarse hacia atrás de manera defensiva.

— *Tono de voz tranquilo*: Hablar con un tono moderado ayuda a reducir tensiones.

— *Gestos de afirmación*: Asentir suavemente con la cabeza refuerza la sensación de que se está escuchando activamente.

Conclusión: La comunicación como clave para la resolución de conflictos

Un abogado mediador debe *dominar el arte de la comunicación* si quiere facilitar acuerdos y gestionar conflictos de manera eficaz:

— La escucha activa ayuda a comprender a las partes y generar confianza.

— El lenguaje bien utilizado puede transformar un enfrentamiento en un diálogo productivo.

— La comunicación no verbal es tan importante como las palabras.

El éxito de una mediación no depende solo de los hechos o de los argumentos jurídicos, sino de cómo se transmiten y se gestionan las emociones a través del lenguaje.

La mediación es, en última instancia, una conversación guiada hacia una solución. Y en ese proceso, el abogado mediador no es solo un profesional del derecho, sino un arquitecto del diálogo y el entendimiento.

Ejemplo práctico de comunicación efectiva en mediación

Caso: Un cliente y una empresa de reformas están en conflicto porque el cliente considera que la obra se retrasó demasiado, mientras que la empresa argumenta que hubo problemas externos.

Intervención del mediador aplicando comunicación efectiva:

Cliente: *«Ustedes no cumplieron con lo prometido, fue una estafa».*

Mediador *(reformulación en positivo)*: *«Entiendo que la demora generó frustración. ¿Qué solución considera justa para ambos?».*

Empresa: *«No fue culpa nuestra, hubo problemas con los proveedores».*

Mediador *(uso de validación emocional y preguntas estratégicas)*: *«Comprendo que hubo dificultades externas. ¿Qué medidas podrían tomarse para compensar al cliente sin afectar su negocio?».*

Cliente: *«Me gustaría un descuento en el precio final».*

Empresa: *«Podemos ofrecer una reducción del 10% en el costo final o incluir una reparación adicional sin cargo».*

Resultado: El cliente acepta el descuento y la empresa mantiene su reputación sin asumir grandes pérdidas.

Capítulo 8

Pensamiento crítico y programación neurolingüística en la mediación

SUMARIO: 1. EL PENSAMIENTO CRÍTICO COMO HERRAMIENTA CLAVE EN LA MEDIACIÓN. 2. INTRODUCCIÓN A LA PROGRAMACIÓN NEUROLINGÜÍSTICA EN LA MEDIACIÓN. 3. INTEGRACIÓN DEL PENSAMIENTO CRÍTICO Y LA PNL EN LA PRÁCTICA DE LA MEDIACIÓN.

«La mente es como un paracaídas, solo funciona si está abierta»

Frank Zappa

En el ámbito de la mediación, la capacidad de *analizar los conflictos desde una perspectiva objetiva y racional* es fundamental para guiar a las partes hacia una resolución satisfactoria. Para ello, el mediador debe contar con herramientas que le permitan comprender tanto los *aspectos emocionales como los racionales* del conflicto. Entre las más eficaces destacan el *pensamiento crítico*, que facilita la *evaluación imparcial de la información*, y la *programación neurolingüística (PNL)*, que *optimiza la comunicación y la persuasión*.

Estos dos enfoques, cuando se aplican de manera conjunta, proporcionan al mediador una *ventaja significativa en la gestión de conflictos*, ayudándolo a *construir confianza, reformular problemas y generar soluciones realistas y consensuadas*. A lo largo de este capítulo, exploraremos cómo *integrar ambas herramientas* en la práctica de la mediación.

1. EL PENSAMIENTO CRÍTICO COMO HERRAMIENTA CLAVE EN LA MEDIACIÓN

El *pensamiento crítico* es la *capacidad de analizar, evaluar y estructurar la información* de manera objetiva, lógica y fundamentada. En el contexto de la mediación, esta habilidad permite al mediador *filtrar argumentos subjetivos, identificar falacias lógicas y evitar la influencia de sesgos emocionales*.

Su importancia radica en que permite *evaluar la información de manera imparcial y estructurada*, ayuda a *detectar inconsistencias y contradicciones* en los argumentos de las partes, facilita la *construcción de soluciones basadas en datos objetivos y razonamientos lógicos*, y fomenta la *claridad y la transparencia* en el proceso de mediación.

Ejemplo práctico

En una mediación entre dos socios de una empresa que han tenido discrepancias sobre la dirección del negocio, uno de ellos sostiene que *«las decisiones del otro siempre han afectado negativamente a la empresa»*. Aplicando el *pensamiento crítico*, el mediador puede *pedir evidencia concreta* sobre cómo esas decisiones han afectado los resultados del negocio. En lugar de aceptar la afirmación como un hecho, se *exploran datos y se analizan alternativas de solución basadas en hechos verificables*.

El mediador, al aplicar *pensamiento crítico*, puede *identificar intereses reales más allá de las posiciones de las partes, distinguir entre hechos y opiniones, formular preguntas estratégicas* para guiar a las partes en la reflexión sobre sus posturas y motivaciones, y *evaluar la viabilidad de las soluciones propuestas* evitando acuerdos ineficaces o poco realistas.

2. INTRODUCCIÓN A LA PROGRAMACIÓN NEUROLINGÜÍSTICA EN LA MEDIACIÓN

La *programación neurolingüística (PNL)* es un conjunto de técnicas que estudian la forma en que el *lenguaje influye en nuestra percepción del mundo y en nuestras interacciones*. En mediación, la PNL permite *mejorar la comunicación, construir confianza y guiar a las partes hacia una resolución más efectiva*.

Algunas ventajas clave de la *PNL en la mediación* son que *facilita la generación de rapport (sintonía y confianza) con las partes*, permite *utilizar un lenguaje preciso y persuasivo* para reformular posturas, *ayuda a gestionar estados emocionales difíciles*, como la ira o la frustración, y *optimiza la percepción y la interpretación del lenguaje verbal y no verbal*.

Ejemplo práctico

En una mediación familiar, un padre y un hijo discuten sobre la *falta de comunicación entre ellos*. El padre dice: *«Mi hijo nunca me cuenta nada de su vida»*. Aplicando *PNL*, el mediador *reformula la frase* y pregunta: *«¿Quieres decir que te gustaría que tu hijo compartiera más sobre su vida contigo?»*. Esto cambia el enfoque de una *queja negativa a una necesidad expresada de manera positiva*, lo que *facilita la conversación y reduce la resistencia*.

Entre las técnicas de *PNL más útiles en la mediación* destacan la *construcción de rapport (sintonización), la reformulación positiva del conflicto y el uso del lenguaje hipnótico de Milton Erickson*. El *rapport* es el proceso mediante el cual el mediador *genera confianza y conexión con las partes*. Algunas estrategias incluyen *reflejar el lenguaje corporal y el tono de voz* de la otra persona para *crear afinidad inconsciente, usar un lenguaje similar al del interlocutor*, adaptando el vocabulario para que se sienta comprendido, y *demostrar empatía verbal y no verbal*, transmitiendo *seguridad y comprensión*.

La *PNL permite cambiar la forma en que una persona percibe un problema* mediante la *reformulación lingüística*. Por ejemplo, en lugar de: «*No podemos llegar a un acuerdo porque hay demasiadas diferencias*», se puede reformular como: «*Si encontramos puntos en común, será más fácil acercarnos a un acuerdo*». Este simple *cambio en la formulación transforma la percepción del conflicto y abre la puerta a soluciones*.

3. INTEGRACIÓN DEL PENSAMIENTO CRÍTICO Y LA PNL EN LA PRÁCTICA DE LA MEDIACIÓN

El *pensamiento crítico y la PNL* no son enfoques opuestos, sino *complementarios*. Mientras que el *pensamiento crítico* permite *analizar el conflicto con objetividad y lógica*, la *PNL* ayuda a *influir en la percepción de las partes para facilitar acuerdos*.

Un *mediador eficaz* usa el *pensamiento crítico* para e*valuar la información y formular preguntas estratégicas*, emplea la *PNL* para *reformular posturas de manera más constructiva y facilitar la comunicación*, y *combina ambas herramientas para manejar objeciones y superar bloqueos en la negociación*.

Ejemplo práctico

Supongamos que en una *mediación laboral*, un empleado dice: «*Nunca me han valorado en esta empresa, siempre me han tratado mal y por eso quiero demandar*». Aplicando el *pensamiento crítico*, el mediador indaga con preguntas: «*¿Puedes darme un ejemplo concreto en el que te hayas sentido infravalorado?*». Aplicando la *PNL*, reformula la queja de forma positiva: «*Lo que buscas es sentirte más reconocido por tu trabajo, ¿correcto?*». Como resultado, al *reformular el problema, el foco cambia de la queja a la búsqueda de soluciones*.

Conclusión

El *pensamiento crítico y la programación neurolingüística son herramientas esenciales* para los abogados y mediadores que buscan *mejorar su capacidad de análisis y comunicación* en la *resolución de conflictos*. Mientras que el *pensamiento crítico* permite *evaluar situaciones con objetividad y lógica*, la *PNL* ayuda a *gestionar la comunicación y las emociones de las partes*.

Un *mediador que domine ambas herramientas podrá facilitar acuerdos de manera más efectiva, persuasiva y estratégica*, logrando que las partes se *enfoquen en soluciones* en lugar de *estancarse en sus posiciones iniciales*.

Capítulo 9

Estrategias de negociación para abogados en procesos de mediación

SUMARIO: 1. LA DIFERENCIA ENTRE NEGOCIAR EN LITIGIO Y EN MEDIACIÓN. 2. CLAVES PARA UNA NEGOCIACIÓN EFECTIVA EN MEDIACIÓN. 3. TÉCNICAS AVANZADAS DE NEGOCIACIÓN EN MEDIACIÓN. 4. CÓMO SUPERAR BLOQUEOS EN LA NEGOCIACIÓN.

«Negociar no es ceder, sino encontrar una solución en la que ambas partes ganen»

Roger Fisher

De la confrontación al acuerdo: el arte de negociar en la mediación

La negociación es una de las competencias más valiosas que puede tener un abogado mediador. *Mientras que en el litigio el objetivo es convencer a un juez, en la mediación el éxito radica en lograr que las partes encuentren un terreno común para el acuerdo*. Aquí no se trata de ganar o perder, sino de generar soluciones sostenibles y equilibradas para ambas partes.

La mediación y la negociación van de la mano. *Sin una buena estrategia de negociación, la mediación se convierte en una mera formalidad sin resultados reales.* Un abogado que sabe negociar no solo facilita acuerdos más favorables para su cliente, sino que también contribuye a que el proceso de mediación sea más eficiente, menos costoso y más satisfactorio para todas las partes.

En este capítulo, exploraremos *las estrategias más eficaces para negociar en mediación*, cómo evitar errores comunes y de qué manera se pueden aplicar técnicas de persuasión y resolución de conflictos para alcanzar acuerdos beneficiosos para ambas partes.

65

1. LA DIFERENCIA ENTRE NEGOCIAR EN LITIGIO Y EN MEDIACIÓN

Muchos abogados inician su práctica de mediación aplicando *las mismas estrategias de negociación que utilizarían en un juicio*, y eso *es un error*. En el litigio, la negociación es muchas veces una *estrategia de presión*: cada parte busca la máxima ventaja, anticipando la resolución de un juez. En cambio, en la mediación, *el enfoque debe ser cooperativo, no confrontativo*.

Principales diferencias entre la negociación litigiosa y la negociación en mediación:

Aspecto	Negociación en litigio	Negociación en mediación
Objetivo	Ganar el caso	Alcanzar un acuerdo mutuamente beneficioso
Mentalidad	Competitiva	Cooperativa
Toma de decisiones	Depende del juez	Depende de las partes
Duración	Puede alargarse años	Puede resolverse en semanas o incluso días
Impacto emocional	Mayor estrés y desgaste	Reducción de la tensión y mayor satisfacción

Los abogados que se especialicen en *negociación colaborativa* serán los que logren mejores resultados en mediación.

2. CLAVES PARA UNA NEGOCIACIÓN EFECTIVA EN MEDIACIÓN

El éxito en la mediación depende en gran parte de cómo el abogado negocia en nombre de su cliente. *Negociar en mediación no es simplemente buscar concesiones, sino encontrar soluciones creativas y beneficiosas para ambas partes.*

Aquí hay algunas *claves fundamentales* para llevar a cabo una negociación efectiva en mediación:

a) Preparación antes de la negociación

No se puede negociar sin una *preparación previa exhaustiva*. Un buen abogado mediador no solo conoce los aspectos legales del caso, sino también *los intereses y prioridades de su cliente y de la otra parte*.

Para ello, es importante:

— *Definir claramente los objetivos del cliente.* ¿Qué es lo mínimo aceptable? ¿Dónde se puede ser flexible?

— *Identificar los intereses de la otra parte.* No se trata solo de lo que piden, sino de qué los motiva a pedirlo.

— *Anticipar objeciones y desarrollar respuestas.* Un abogado bien preparado tiene opciones listas para superar bloqueos en la negociación.

b) Separar a las personas del problema

Uno de los errores más frecuentes en la negociación es *personalizar el conflicto. El abogado mediador debe ayudar a su cliente a enfocarse en la solución y no en el resentimiento hacia la otra parte.*

Ejemplo:

«No voy a negociar con él porque es un mentiroso».

«Si logramos un acuerdo, podremos evitar los riesgos e incertidumbre de un litigio».

El enfoque debe estar en *resolver el problema*, no en atacar a la otra persona.

c) Enfocarse en los intereses, no en las posiciones

En mediación, hay que ir más allá de lo que las partes dicen que quieren (su posición) y descubrir *por qué lo quieren* (su interés).

Ejemplo:

— *Posición:* «Quiero 50.000 euros de indemnización».

— *Interés real:* Quizás el problema no sea solo el dinero, sino la necesidad de compensación por daños morales. Esto permite explorar soluciones más creativas.

Un abogado mediador debe *profundizar en los verdaderos intereses de su cliente y de la otra parte para encontrar acuerdos viables.*

3. TÉCNICAS AVANZADAS DE NEGOCIACIÓN EN MEDIACIÓN

a) Técnica 1: La negociación basada en principios (Método Harvard)

Este método se basa en cuatro principios fundamentales:

— *Separar a las personas del problema.* Evitar ataques personales y centrarse en la solución.

— *Centrarse en intereses, no en posiciones.* Buscar lo que realmente importa a ambas partes.

— *Generar opciones de beneficio mutuo.* No solo dividir el pastel, sino hacerlo más grande.

— *Utilizar criterios objetivos.* Basar las decisiones en datos y hechos en lugar de opiniones personales.

b) Técnica 2: La oferta condicionada

En lugar de hacer concesiones directas, el abogado puede condicionar su oferta a la respuesta de la otra parte.

Ejemplo:

«Acepto pagar 30.000 euros».

«Si acordamos 30.000 euros ahora, podemos cerrar el caso esta misma semana y evitar más costes».

c) Técnica 3: La táctica del «sí, y…»

En lugar de rechazar directamente una oferta, se puede reformular la respuesta con una alternativa.

Ejemplo:

«No puedo aceptar esa propuesta».

«Sí, entiendo tu propuesta, y si modificamos este punto, podríamos llegar a un acuerdo».

d) Técnica 4: Anclaje y concesiones progresivas

El anclaje es la primera cifra o propuesta que se pone sobre la mesa y que influirá en el resto de la negociación. Se debe *establecer un punto de partida que favorezca la negociación sin cerrar las opciones.*

Ejemplo:

Si se busca una indemnización de 50.000 euros, no se debe empezar con 50.000 directamente, sino con una cifra más alta (70.000), para luego reducirla estratégicamente y dar sensación de flexibilidad.

4. CÓMO SUPERAR BLOQUEOS EN LA NEGOCIACIÓN

— *Pausar la negociación.* Un descanso permite a las partes reflexionar.

— *Reformular el problema.* Plantear el conflicto de otra manera puede abrir nuevas posibilidades.

— *Introducir un mediador auxiliar.* En algunos casos, una tercera persona puede ayudar a destrabar el proceso.

— *Explorar acuerdos parciales.* Si el acuerdo total no es posible de inmediato, empezar por solucionar puntos menores para generar confianza.

Conclusión: La negociación como herramienta clave en mediación

El abogado que domina la negociación en mediación *tiene una ventaja competitiva enorme en el ejercicio de su profesión*:

— Diferenciar la negociación litigiosa de la mediadora ayuda a mejorar los resultados.

— Prepararse antes de la negociación permite anticiparse a problemas y diseñar soluciones estratégicas.

— Aplicar técnicas avanzadas de negociación facilita acuerdos sostenibles y equitativos.

— Saber desbloquear situaciones difíciles es una habilidad clave en cualquier proceso de mediación.

El abogado mediador no busca «ganar» en la negociación, sino encontrar *la mejor solución para ambas partes*. Y esa es la verdadera esencia de la justicia negociada.

Ejemplo práctico de negociación en mediación

Caso: Un trabajador, Luis, ha demandado a su empresa por despido improcedente y exige una indemnización de 50.000 euros. La empresa ofrece 20.000 euros, argumentando que no tiene recursos para pagar más.

Intervención del mediador aplicando negociación:

Mediador *(enfoque en intereses, no posiciones)*: *«Parece que Luis busca una compensación justa por su despido y que la empresa necesita gestionar su liquidez. ¿Podemos encontrar una solución intermedia que contemple ambas necesidades?»*.

Luis: *«No puedo aceptar menos de 50.000 euros»*.

Mediador *(creación de valor antes de distribuirlo)*: *«¿Considerarías recibir una parte en efectivo y otra en beneficios adicionales, como una carta de recomendación y un seguro de salud extendido por seis meses?»*.

Empresa: *«Podríamos llegar a 30.000 euros si fraccionamos el pago en dos partes»*.

Luis *(cediendo estratégicamente)*: *«Si se añade una carta de recomendación y el seguro, podríamos cerrar el acuerdo»*.

Resultado: Luis obtiene una compensación mayor de la que inicialmente ofrecía la empresa, y esta logra pagar en plazos, manteniendo su estabilidad financiera.

Capítulo 10

Estrategias de persuasión en la mediación: el arte de influir sin imponer

SUMARIO: 1. LA PERSUASIÓN EN LA MEDIACIÓN: UN ENFOQUE ÉTICO. 2. PRIN-
CIPIOS PSICOLÓGICOS DE LA PERSUASIÓN APLICADOS A LA MEDIA-
CIÓN. 3. HERRAMIENTAS PRÁCTICAS DE PERSUASIÓN EN LA MEDIA-
CIÓN. 4. APLICACIÓN DE LA PERSUASIÓN EN DISTINTAS FASES DE
LA MEDIACIÓN.

> *«Puedes convencer a la gente con la razón, pero debes persuadirla*
> *con el corazón»*

Nelson Mandela

La mediación no es simplemente un proceso de negociación, sino un arte basado en la comunicación efectiva, la gestión emocional y la influencia positiva sobre las partes en conflicto. Un mediador hábil no impone soluciones, sino que guía a los participantes hacia acuerdos satisfactorios a través de técnicas de persuasión ética y estrategias de comunicación avanzadas.

En este capítulo, exploraremos el papel fundamental de la persuasión en la mediación, desglosando los principios psicológicos que la sustentan y proporcionando herramientas prácticas para su aplicación. Analizaremos cómo la empatía, la reformulación del lenguaje, la validación emocional y la autoridad bien gestionada pueden influir en la toma de decisiones de las partes, facilitando la resolución de disputas de manera efectiva y sostenible.

1. LA PERSUASIÓN EN LA MEDIACIÓN: UN ENFOQUE ÉTICO

La persuasión en mediación debe ser utilizada con responsabilidad y dentro de un marco ético riguroso. A diferencia de la manipulación, que busca un resultado a favor de una de las partes, la persuasión en mediación tiene como objetivo promover soluciones equilibradas y justas, donde ambas partes sientan que han participado activamente en el acuerdo.

El mediador debe asegurarse de que las técnicas persuasivas que emplea se alineen con los principios fundamentales de la mediación:

— *Imparcialidad*: La persuasión no debe favorecer a una de las partes sobre la otra.

— *Transparencia*: Las estrategias utilizadas deben ser claras y comprensibles para todos los participantes.

— *Autonomía de las partes*: La decisión final debe provenir de las propias partes, sin presiones indebidas.

2. PRINCIPIOS PSICOLÓGICOS DE LA PERSUASIÓN APLICADOS A LA MEDIACIÓN

El psicólogo Robert Cialdini identificó seis principios fundamentales de la persuasión que pueden aplicarse de manera efectiva en mediación:

— Principio de reciprocidad

Las personas tienen una tendencia natural a responder con gratitud cuando reciben algo de valor. En mediación, un mediador puede fomentar un clima de cooperación ofreciendo pequeñas concesiones o validando las preocupaciones de cada parte.

Ejemplo en mediación:

Si un mediador reconoce las preocupaciones de una parte y las reformula de manera empática, es más probable que esta esté dispuesta a considerar también las preocupaciones de la otra parte.

— Principio de compromiso y coherencia

Una vez que una persona asume públicamente una postura o se compromete con una pequeña acción, es más probable que mantenga una actitud coherente con esa elección.

Ejemplo en mediación:

Si una parte acepta en un primer momento dialogar sobre un aspecto menor del conflicto, es más fácil que continúe negociando en temas más complejos, manteniendo la coherencia en su comportamiento.

— Validación social

Las personas suelen guiar sus decisiones observando el comportamiento de los demás. Mostrar ejemplos de acuerdos exitosos alcanzados en situaciones similares puede motivar a las partes a adoptar una actitud más colaborativa.

Ejemplo en mediación:

Explicar cómo otras partes en conflictos similares han logrado acuerdos beneficiosos puede influir positivamente en la percepción de viabilidad de la mediación.

— Principio de simpatía

Las personas son más propensas a aceptar propuestas de personas con las que sienten afinidad. La creación de un ambiente de confianza y empatía entre las partes aumenta la predisposición al acuerdo.

Ejemplo en mediación:

El mediador puede encontrar puntos en común entre las partes para generar un ambiente más amigable y facilitar el diálogo.

— Autoridad

Las personas tienden a confiar en quienes perciben como expertos. Un mediador con credibilidad y conocimiento transmite confianza y refuerza la percepción de que la mediación es el camino adecuado.

Ejemplo en mediación:

Un mediador que demuestra dominio del proceso y ofrece información fundamentada logra mayor respeto y colaboración de las partes.

— Escasez

Las personas valoran más aquello que perciben como limitado o exclusivo. En mediación, resaltar la oportunidad de resolver el conflicto de manera pacífica antes de recurrir a la vía judicial puede motivar a las partes a participar activamente en la negociación.

Ejemplo en mediación:

Explicar que una solución negociada ofrece más flexibilidad y control sobre el resultado que un fallo judicial puede incentivar a las partes a buscar un acuerdo.

3. HERRAMIENTAS PRÁCTICAS DE PERSUASIÓN EN LA MEDIACIÓN

Además de los principios psicológicos, existen herramientas específicas que pueden potenciar la efectividad de la persuasión en mediación:

— Reformulación del lenguaje

Modificar la forma en que se presenta una información puede influir en la receptividad de las partes. Reformular frases en términos positivos o neutrales facilita la comunicación.

Ejemplo:

«Usted no puede seguir exigiendo esto».

«Busquemos una solución que contemple sus necesidades y las de la otra parte».

— Validación emocional

Reconocer las emociones de las partes refuerza la confianza y permite reducir la tensión.

Ejemplo:

«Entiendo que esta situación le genera frustración. Vamos a trabajar juntos para encontrar una solución que funcione para ambos».

— Uso del silencio estratégico

El silencio puede ser una herramienta poderosa para permitir que las partes reflexionen y continúen el diálogo de manera espontánea.

Ejemplo:

Hacer una pausa antes de responder a una reacción emocional intensa puede dar espacio para que la otra parte reconsidere su postura sin presión externa.

4. APLICACIÓN DE LA PERSUASIÓN EN DISTINTAS FASES DE LA MEDIACIÓN

Fase inicial: Generación de confianza:

— Aplicar el principio de simpatía y reciprocidad para construir un ambiente positivo.

— Validar las emociones de las partes desde el inicio para reducir resistencias.

Fase de negociación:

— Utilizar el compromiso progresivo para que las partes se mantengan en la negociación.

— Reformular declaraciones para evitar confrontaciones innecesarias.

— Aplicar el principio de validación social mostrando casos de éxito similares.

Fase final: Cierre del acuerdo:

— Resaltar la escasez de oportunidades para encontrar soluciones flexibles fuera de los tribunales.

— Consolidar la percepción de autoridad del mediador para garantizar la aceptación del acuerdo.

— Resumir los beneficios del acuerdo de manera clara y estructurada.

Conclusión

La persuasión en la mediación *no es una herramienta de manipulación*, sino un recurso estratégico para *facilitar acuerdos justos y sostenibles*. Un mediador eficaz debe dominar las técnicas de persuasión para influir positivamente en las partes sin vulnerar su autonomía.

El éxito de la mediación radica en la capacidad del mediador para *generar confianza, fomentar el compromiso y guiar a las partes hacia soluciones que beneficien a todos*. Integrar principios de persuasión de manera ética y efectiva permitirá consolidar la mediación como una vía real de resolución de conflictos, reforzando su papel dentro del sistema judicial y la práctica profesional del abogado mediador.

Ejemplo práctico de persuasión en mediación

Caso: Un conflicto laboral entre un empleado y su empresa. El empleado, Manuel, ha sido despedido y exige una indemnización que la empresa considera excesiva. La empresa argumenta que el despido fue justificado y que no debe pagar más allá de lo establecido en la ley. La negociación está en punto muerto, y ambas partes están en posiciones rígidas.

Intervención del mediador aplicando técnicas de persuasión:

1. Construcción de confianza (Principio de simpatía y validación emocional)

Mediador: «*Manuel, entiendo que esta situación te genera preocupación, y es completamente normal sentirse así en un momento como este. También veo que la empresa quiere encontrar una solución justa y adecuada para ambas partes. Trabajemos juntos para explorar opciones que sean beneficiosas para todos».*

Estrategia utilizada: Validación emocional para reducir la tensión inicial y mostrar a ambas partes que el mediador entiende sus preocupaciones.

2. Reformulación del problema en positivo (Reformulación del lenguaje y compromiso progresivo)

Manuel: *«No voy a aceptar menos de lo que pido, he trabajado muchos años en esta empresa y merezco una compensación justa».*

Mediador: *«Manuel, lo que realmente buscas es un reconocimiento por los años que has dedicado a la empresa, además de seguridad económica en este momento de cambio, ¿cierto?».*

Estrategia utilizada: Reformulación del lenguaje para cambiar el enfoque de la exigencia a una necesidad legítima, facilitando la búsqueda de una solución.

3. Uso del principio de reciprocidad

Mediador (dirigiéndose a la empresa): *«Si la empresa pudiera ofrecer algún beneficio adicional, como una carta de recomendación positiva o ayuda para la recolocación, ¿creéis que eso podría facilitar el acuerdo?».*

Estrategia utilizada: La empresa se siente motivada a ceder en algo pequeño (una carta de recomendación), lo que puede hacer que Manuel también flexibilice su postura.

4. Cierre del acuerdo destacando los beneficios mutuos

Mediador: *«Hemos avanzado mucho. Manuel, con este acuerdo recibirás una indemnización que te ayudará en la transición laboral y una carta de recomendación que fortalecerá tus oportunidades de empleo. Empresa, evitaréis un litigio prolongado y costoso. Ambas partes salen beneficiadas. ¿Les parece que formalicemos el acuerdo?».*

Estrategia utilizada: Uso del principio de escasez y validación social para reforzar la idea de que este es el mejor momento para cerrar el acuerdo sin demoras.

Resultado: Ambas partes llegan a un acuerdo en el que Manuel acepta una indemnización ligeramente menor a la inicial, pero recibe beneficios adicionales como la carta de recomendación y asesoramiento laboral. La empresa evita un litigio y conserva su reputación.

Este ejemplo demuestra cómo las técnicas de persuasión bien aplicadas pueden desbloquear negociaciones y facilitar acuerdos satisfactorios en mediación.

Capítulo 11

La gestión emocional y la escucha activa como herramientas clave en la mediación

«Cuando hables, procura que tus palabras sean mejores que el silencio»

Proverbio árabe

Cómo las emociones y la capacidad de escuchar pueden determinar el éxito o el fracaso de un acuerdo

Si hay dos habilidades que marcan la diferencia entre un abogado que simplemente conoce la mediación y un abogado mediador verdaderamente eficaz, *son la gestión emocional y la escucha activa*. La mediación no es solo una cuestión de derecho y estrategias de negociación; es un proceso profundamente humano donde las emociones juegan un papel crucial.

Los conflictos legales suelen estar cargados de tensión, resentimiento, miedo e incluso ira. En muchas ocasiones, *el verdadero obstáculo para llegar a un acuerdo no es la falta de argumentos jurídicos, sino la incapacidad de las partes para gestionar sus emociones y comunicarse de manera efectiva.* Aquí es donde el abogado mediador debe convertirse en *un facilitador de la comunicación, alguien que ayuda a transformar el conflicto en una oportunidad de solución.*

En este capítulo, exploraremos cómo *la inteligencia emocional y la escucha activa pueden mejorar los procesos de mediación* y cómo los abogados pueden desarrollar estas habilidades para conseguir acuerdos más eficaces, duraderos y satisfactorios para sus clientes.

1. LA MEDIACIÓN COMO UN PROCESO EMOCIONAL

A diferencia de un juicio, donde un juez dicta sentencia basándose en hechos y derecho, la mediación *no busca imponer una solución, sino construirla con la participación de las partes*. Y para que esto funcione, *las emociones deben ser gestionadas de manera adecuada*.

Las emociones pueden actuar de dos maneras en la mediación:

— *Como un obstáculo*: Cuando las partes se aferran a la ira, la frustración o el miedo, es difícil que estén dispuestas a ceder o a ver la perspectiva del otro.

— *Como un motor de cambio*: Si se canalizan correctamente, las emociones pueden facilitar la comunicación, generar empatía y permitir que las partes encuentren soluciones satisfactorias.

Para que un abogado mediador pueda gestionar con éxito este factor, *es esencial que primero entienda cómo funcionan las emociones en el conflicto*.

Principales emociones que surgen en la mediación y cómo gestionarlas:

— *Ira*: Es una de las emociones más comunes en los conflictos legales. Suele manifestarse cuando una parte siente que ha sido tratada injustamente.

Cómo gestionarla: Validar la emoción sin reforzarla.

Ejemplo:

«Entiendo que te sientas así. Es completamente normal en esta situación. Veamos cómo podemos avanzar sin que esto afecte la negociación».

— *Miedo*: Muchas personas temen perder algo importante en la mediación (dinero, derechos, prestigio, estabilidad).

Cómo gestionarlo: Crear un ambiente de seguridad y confianza. Mostrar que el acuerdo puede ser una solución menos riesgosa que el litigio.

— *Frustración*: Cuando una parte siente que el proceso no está avanzando o que la otra parte no la comprende.

Cómo gestionarla: Reformular el problema en términos positivos y recordar los progresos logrados en la mediación.

— *Empatía*: Una emoción clave para resolver conflictos. Cuando las partes logran entender la perspectiva del otro, el acuerdo se vuelve más fácil de alcanzar.

Cómo potenciarla: Utilizar técnicas de escucha activa y fomentar el reconocimiento de los intereses mutuos.

La mediación es, en esencia, *un proceso de gestión emocional*. Un abogado que domina esta habilidad *puede transformar conflictos imposibles en acuerdos posibles*.

2. LA INTELIGENCIA EMOCIONAL EN LA MEDIACIÓN

La inteligencia emocional es *la capacidad de reconocer, comprender y gestionar nuestras propias emociones y las de los demás*. En mediación, esta habilidad es fundamental para ayudar a las partes a *controlar su estado emocional y mantener una comunicación efectiva*.

Daniel Goleman, experto en inteligencia emocional, identifica *cinco competencias esenciales* que un abogado mediador debe desarrollar:

— *Autoconciencia*: Saber reconocer las propias emociones y cómo estas influyen en nuestras decisiones. Un abogado que no es consciente de su propio estrés o frustración puede transmitir esa tensión a la mediación.

— *Autorregulación*: Controlar impulsos emocionales y evitar reacciones precipitadas. Un abogado mediador debe ser *un modelo de calma y estabilidad*.

— *Motivación*: Mantener una actitud positiva y enfocada en encontrar soluciones, incluso cuando la mediación parece bloqueada.

— *Empatía*: Ponerse en el lugar de las partes, entender sus preocupaciones y demostrar sensibilidad hacia sus emociones.

— *Habilidades sociales*: Saber comunicarse de manera efectiva, generar confianza y resolver conflictos sin generar más tensión.

Cuando un abogado desarrolla estas competencias, *su capacidad para gestionar mediaciones mejora notablemente*.

3. LA ESCUCHA ACTIVA COMO HERRAMIENTA CLAVE EN LA MEDIACIÓN

Escuchar no es lo mismo que oír. *La escucha activa implica prestar atención real al mensaje del otro, interpretar su significado y demostrar que lo hemos comprendido*.

En mediación, *la escucha activa puede cambiar completamente el curso de una negociación*. Cuando una persona se siente escuchada, *se relaja, se abre más al diálogo y se muestra más dispuesta a ceder*.

Técnicas para una escucha activa eficaz:

— *Parafraseo*: Repetir lo que ha dicho la otra parte con nuestras propias palabras para confirmar que hemos entendido correctamente.

   Ejemplo:

   «Si he entendido bien, lo que te preocupa es que no tienes seguridad sobre el cumplimiento del acuerdo, ¿es así?».

— *Reformulación en positivo*: Si una parte expresa una idea de manera agresiva o negativa, reformularla de forma más constructiva.

   Ejemplo:

   «Él siempre ha sido un irresponsable».: «Entiendo que sientes que ha habido falta de compromiso en el pasado. ¿Cómo podemos evitar que esto ocurra en el futuro?».

— *Reflejo emocional*: Mostrar empatía verbalizando las emociones de la otra parte.

   Ejemplo:

   «Veo que esta situación te genera mucha ansiedad. Es comprensible».

— *Uso de silencios estratégicos*: A veces, *el silencio es la mejor herramienta* para que la otra parte reflexione y continúe hablando.

La escucha activa no solo ayuda a que las partes se sientan valoradas, sino que *permite al abogado mediador identificar las verdaderas preocupaciones que hay detrás del conflicto*.

4. CÓMO APLICAR LA GESTIÓN EMOCIONAL Y LA ESCUCHA ACTIVA EN UNA MEDIACIÓN

Un abogado mediador puede aplicar estas habilidades en diferentes fases del proceso de mediación:

— *Antes de la mediación*: Preparar a su cliente emocionalmente, explicándole qué puede esperar del proceso y cómo gestionar sus emociones durante la negociación.

— *Durante la mediación*: Detectar signos de tensión, utilizar la escucha activa para reducir conflictos y reformular situaciones negativas en oportunidades de diálogo.

— *Después de la mediación*: Evaluar el impacto emocional del acuerdo y asegurarse de que el cliente se sienta satisfecho con la solución alcanzada.

Los abogados que saben gestionar emociones y escuchar activamente *logran que las mediaciones sean más fluidas, menos conflictivas y más efectivas*.

Conclusión: La mediación es más que derecho, es gestión emocional

— Las emociones son clave en la mediación. Saber gestionarlas puede facilitar o bloquear un acuerdo.

— La inteligencia emocional es una herramienta fundamental para cualquier abogado mediador.

— La escucha activa transforma la comunicación y genera confianza entre las partes.

— Un abogado mediador eficaz no solo domina la ley, sino también las emociones y el diálogo.

El éxito en mediación no solo depende del conocimiento jurídico, sino de *la capacidad de comprender y gestionar el factor humano del conflicto. Porque en la mediación, muchas veces, la verdadera solución no está en la ley, sino en la forma en que se comunican y se entienden las personas.*

Ejemplo práctico de gestión emocional en mediación

Caso: Un divorcio en el que los cónyuges, Laura y Daniel, no logran ponerse de acuerdo sobre la custodia de su hijo.

Intervención del mediador aplicando gestión emocional:

Laura: «*Daniel nunca se ha ocupado de nuestro hijo, no confío en él*».

Daniel: «*Eso no es cierto, pero Laura siempre quiere tomar todas las decisiones*».

Mediador *(validación emocional)*: «*Entiendo que ambos están preocupados por el bienestar de su hijo. Es natural sentir frustración en estos momentos*».

Laura: «*No quiero que sufra por nuestra separación*».

Mediador *(uso de empatía y reformulación positiva)*: «*Ambos coinciden en que lo más importante es su hijo. ¿Cómo podemos construir un acuerdo que garantice su bienestar?*».

Daniel: «*Estoy dispuesto a compartir la custodia si se establecen reglas claras*».

Resultado: Ambos acuerdan un plan de coparentalidad donde se detallan responsabilidades y tiempos de custodia, reduciendo la tensión emocional en el proceso.

Capítulo 12

Recopilación: Habilidades esenciales del abogado mediador

SUMARIO: 1. EL CAMBIO DE MENTALIDAD: DE ABOGADO LITIGANTE A ABO-
GADO MEDIADOR. 2. LA COMUNICACIÓN EFECTIVA EN MEDIACIÓN
Y RESOLUCIÓN DE CONFLICTOS. 3. PENSAMIENTO CRÍTICO Y PRO-
GRAMACIÓN NEUROLINGÜÍSTICA EN LA MEDIACIÓN. 4. ESTRATE-
GIAS DE NEGOCIACIÓN PARA ABOGADOS EN PROCESOS DE MEDIA-
CIÓN. 5. ESTRATEGIAS DE PERSUASIÓN EN MEDIACIÓN: INFLUIR SIN
IMPONER. 6. LA GESTIÓN EMOCIONAL Y LA ESCUCHA ACTIVA COMO
HERRAMIENTAS CLAVE.

«La mediación es un proceso de humanización del conflicto»

Kenneth Cloke

La mediación es un proceso complejo que requiere mucho más que el conocimiento jurídico. A lo largo de la segunda parte de este libro, hemos explorado
diversas habilidades fundamentales que todo abogado mediador debe desarrollar
para facilitar acuerdos eficaces y sostenibles. Debido a la importancia de estos
capítulos, resulta imprescindible recopilar y sintetizar lo expuesto anterior-
mente, con el objetivo de recordar, reforzar y poner de manifiesto la trascen-
dencia de estas competencias en el ejercicio de la mediación.

El éxito en la mediación no depende únicamente de la capacidad argumen-
tativa del abogado, sino de su destreza para gestionar el conflicto desde una
perspectiva colaborativa. Habilidades como la *comunicación efectiva, la escucha
activa, el pensamiento crítico, la programación neurolingüística, la gestión emocional y las estrategias de negociación* no solo potencian la capacidad del mediador
para guiar el proceso, sino que también generan confianza y predisposición en
las partes involucradas.

En este capítulo, se presenta una recopilación estructurada de los aprendizajes más relevantes de los capítulos anteriores, proporcionando una visión integral de las herramientas esenciales para el abogado mediador.

1. EL CAMBIO DE MENTALIDAD: DE ABOGADO LITIGANTE A ABOGADO MEDIADOR

Uno de los mayores retos para los abogados que se especializan en mediación es abandonar la mentalidad confrontativa propia del litigio y adoptar una perspectiva colaborativa. Mientras que el litigio busca la victoria de una parte, la mediación se centra en la construcción de soluciones mutuamente beneficiosas. Para ello, el abogado mediador debe desarrollar competencias como la *escucha activa, la inteligencia emocional y la negociación basada en intereses*.

Puntos clave:

— *No hay ganadores ni perdedores*: el objetivo es alcanzar un acuerdo que beneficie a ambas partes.

— *El abogado mediador es un facilitador*: no un defensor de una postura rígida.

— *La comunicación efectiva y la empatía*: son herramientas fundamentales para el éxito en la mediación.

2. LA COMUNICACIÓN EFECTIVA EN MEDIACIÓN Y RESOLUCIÓN DE CONFLICTOS

La mediación se basa en la comunicación. La forma en que las partes expresan sus ideas y cómo el mediador las canaliza influye en el éxito del proceso. *La escucha activa, la reformulación de mensajes y el uso del lenguaje positivo* pueden transformar un conflicto en una oportunidad de diálogo.

Elementos clave de la comunicación efectiva en mediación:

— *Escucha activa*: implica comprender realmente lo que la otra parte expresa sin interrumpir ni juzgar.

— *Uso del lenguaje adecuado*: evitar términos agresivos o absolutistas y reformular las posturas de manera constructiva.

— *Comunicación no verbal*: el contacto visual, la postura abierta y un tono de voz sereno contribuyen a un ambiente propicio para el acuerdo.

Ejemplo práctico

En una disputa empresarial, en lugar de responder con una negativa rotunda a una propuesta, el mediador puede reformularla en términos positivos y explorar alternativas que satisfagan a ambas partes.

3. PENSAMIENTO CRÍTICO Y PROGRAMACIÓN NEUROLINGÜÍSTICA EN LA MEDIACIÓN

El *pensamiento crítico* es una herramienta clave para analizar la información con objetividad, distinguir hechos de opiniones y formular preguntas estratégicas que faciliten la resolución del conflicto. Por su parte, la *programación neurolingüística (PNL)* permite optimizar la comunicación y gestionar las emociones de manera efectiva.

Puntos clave:

— *El pensamiento crítico permite filtrar sesgos* y evaluar propuestas de manera racional.

— *La PNL ayuda a construir rapport*, facilitando la confianza y la apertura entre las partes.

— *El lenguaje influye en la percepción del conflicto*, por lo que su uso estratégico es clave para reformular situaciones negativas.

Ejemplo práctico

En una mediación familiar, en lugar de decir «Mi hijo nunca me cuenta nada de su vida», el mediador reformula: «¿Quieres decir que te gustaría que tu hijo compartiera más sobre su vida contigo?». Este cambio de enfoque reduce la resistencia y facilita la comunicación.

4. ESTRATEGIAS DE NEGOCIACIÓN PARA ABOGADOS EN PROCESOS DE MEDIACIÓN

La *negociación en mediación* difiere de la negociación litigiosa. No se trata de presionar ni de imponer condiciones, sino de encontrar soluciones que generen valor para ambas partes.

Principales estrategias de negociación en mediación:

— *Preparación previa*: conocer los intereses de ambas partes y anticipar posibles objeciones.

— *Separar a las personas del problema*: enfocarse en resolver la disputa sin atacar a la otra parte.

— *Negociación basada en principios*: seguir el método Harvard, centrado en intereses y en la creación de opciones de beneficio mutuo.

— *Uso de concesiones progresivas y anclaje*: realizar ofertas estratégicas que faciliten el acercamiento progresivo hacia un acuerdo.

Ejemplo práctico

En un conflicto laboral, en lugar de negociar únicamente el monto de la indemnización, se pueden explorar soluciones alternativas como la formación adicional o la reubicación en otro puesto dentro de la empresa.

5. ESTRATEGIAS DE PERSUASIÓN EN MEDIACIÓN: INFLUIR SIN IMPONER

La persuasión en mediación no debe confundirse con manipulación. Su objetivo es influir de manera ética para ayudar a las partes a llegar a acuerdos.

Principios de persuasión aplicables a la mediación:

— *Reciprocidad*: Validar las preocupaciones de una parte genera mayor predisposición a ceder.

— *Compromiso y coherencia*: Lograr pequeños acuerdos previos ayuda a que las partes mantengan la disposición a negociar.

— *Validación social*: Mostrar casos de éxito similares refuerza la confianza en la mediación.

— *Uso del silencio estratégico*: Dar tiempo para la reflexión permite desbloquear resistencias.

El abogado mediador que domina la persuasión ética puede facilitar acuerdos sin que ninguna de las partes sienta que está cediendo en exceso.

6. LA GESTIÓN EMOCIONAL Y LA ESCUCHA ACTIVA COMO HERRAMIENTAS CLAVE

Las emociones juegan un papel fundamental en la mediación. Un acuerdo no solo debe ser jurídicamente válido, sino también emocionalmente aceptable para las partes. La *inteligencia emocional* y la *escucha activa* permiten manejar situaciones de alta tensión y desbloquear conflictos aparentemente irresolubles.

Claves para la gestión emocional:

— Identificar y regular las emociones propias y ajenas.

— Validar las emociones sin reforzar la confrontación.

— Crear un ambiente de confianza y seguridad para favorecer la cooperación.

Ejemplo práctico

En una mediación de divorcio, un cónyuge expresa: «Siempre me has ignorado y nunca has valorado lo que hago». El mediador puede responder: «Parece que sientes que no se ha reconocido tu esfuerzo en la relación. ¿Podemos explorar qué aspectos te gustaría que se tuvieran en cuenta en el acuerdo?».

Conclusión

El abogado mediador debe ser más que un experto en derecho: debe ser un especialista en *gestión de conflictos y facilitación de acuerdos*. La combinación de *habilidades comunicativas, pensamiento crítico, estrategias de negociación y gestión emocional* permitirá alcanzar acuerdos sostenibles y satisfactorios para todas las partes.

Resumen de los aprendizajes clave:

— La comunicación efectiva es la base de la mediación.

— El pensamiento crítico y la PNL ayudan a reformular conflictos y mejorar la percepción del problema.

— Las estrategias de negociación colaborativa permiten construir acuerdos equitativos.

— La persuasión, influir sin imponer, influir de manera ética para ayudar a las partes a llegar a acuerdos.

— La gestión emocional y la escucha activa facilitan la apertura al diálogo y reducen la resistencia al acuerdo.

El abogado del futuro no solo dominará el derecho, sino que también será un experto en comunicación y gestión de conflictos. La mediación no es solo una alternativa al litigio, sino una nueva forma de ejercer la abogacía con mayor impacto y efectividad.

Ejemplo práctico de todas las técnicas en mediación

Caso: Un conflicto entre un proveedor y una empresa por el incumplimiento de un contrato de suministro.

Intervención del mediador aplicando todas las técnicas:

Proveedor: *«La empresa nos debe dinero por el último lote de productos».*

Empresa: *«El pedido llegó tarde y con defectos, por eso no hemos pagado».*

Mediador *(comunicación efectiva y gestión emocional)*: «*Veo que ambos están frustrados por la situación. Es importante aclarar los hechos y encontrar una solución que satisfaga a ambas partes*».

Proveedor: «*Nosotros cumplimos con el contrato, queremos recibir el pago completo*».

Mediador *(pensamiento crítico y PNL)*: «*¿Qué evidencias tenemos sobre los defectos en el pedido? ¿Hubo inspección de calidad antes de la entrega?*».

Empresa: «*Sí, pero no nos avisaron con tiempo sobre los retrasos*».

Mediador *(uso de negociación y persuasión)*: «*Si se acuerda un pago parcial inmediato y una compensación en el próximo pedido, ¿sería aceptable?*».

Proveedor: «*Si garantizan futuros pedidos sin penalización, podemos aceptar un pago del 80% ahora*».

Empresa: «*Aceptamos si se mejora la calidad en las próximas entregas*».

Resultado: Se acuerda un pago parcial inmediato con una compensación en futuros pedidos, evitando un litigio costoso y manteniendo la relación comercial.

Parte III
El abogado en la mediación: nuevos roles y responsabilidades

Capítulo 13

El papel del abogado en la mediación: antes, durante y después

SUMARIO: 1. ANTES DE LA MEDIACIÓN: LA PREPARACIÓN ES CLAVE. 2. DURANTE LA MEDIACIÓN: EL ABOGADO COMO FACILITADOR Y ESTRATEGA. 3. DESPUÉS DE LA MEDIACIÓN: SUPERVISIÓN Y FIDE-LIZACIÓN DEL CLIENTE.

«Un buen abogado sabe cuándo luchar, un gran abogado sabe cuándo negociar»

William Ury

De litigante a facilitador del diálogo

Durante siglos, el abogado ha sido concebido como un combatiente jurídico, un estratega del litigio cuya misión principal era convencer a un juez de que su cliente tenía la razón. Nuestra formación se ha basado en la argumentación, la retórica y la confrontación legal, entendiendo que nuestro éxito profesional depende de la capacidad de vencer en los tribunales. *Pero el panorama ha cambiado*. La mediación ha llegado para modificar las reglas del juego y, con ello, la forma en la que los abogados debemos concebir nuestro papel en la resolución de conflictos.

No se trata de una opción voluntaria o de una moda pasajera, sino de una transformación estructural en la justicia, una evolución lógica hacia *métodos más eficientes, rápidos y menos costosos*. Sin embargo, muchos abogados aún miran la mediación con escepticismo, viéndola como un trámite innecesario antes del verdadero litigio. Esta mentalidad es un error. No solo porque la mediación es ahora una exigencia legal en muchos procedimientos, sino porque representa *una oportunidad estratégica para ofrecer a nuestros clientes soluciones más satisfactorias y eficaces*.

En este capítulo exploraremos la transformación del papel del abogado en la mediación, abordando las funciones que debe desempeñar antes, durante y después del proceso. Comprenderemos que el abogado mediador no es una figura pasiva que acompaña al cliente, sino *un profesional con un rol activo, capaz de diseñar estrategias de negociación, gestionar emociones y garantizar acuerdos viables y sostenibles*.

1. ANTES DE LA MEDIACIÓN: LA PREPARACIÓN ES CLAVE

Uno de los errores más frecuentes que cometen los abogados en la mediación es *subestimar la importancia de la preparación previa*. Estamos acostumbrados a la estructura rígida del proceso judicial, donde los argumentos se construyen a partir de pruebas, jurisprudencia y procedimientos preestablecidos. Pero la mediación opera en una lógica diferente. Aquí, la clave no está en quién tiene la razón desde un punto de vista legal, sino en cómo *las partes pueden encontrar una solución aceptable para ambas*.

El abogado debe empezar por *explicar a su cliente en qué consiste realmente la mediación*. Muchas personas llegan a este proceso con la misma mentalidad que tendrían ante un juicio: quieren ganar, demostrar que tienen razón y que la otra parte está equivocada. Pero la mediación no se basa en ganar o perder, sino en *encontrar un punto de equilibrio que permita cerrar el conflicto sin necesidad de un litigio desgastante*.

El siguiente paso es *identificar cuáles son los intereses reales del cliente*. No basta con conocer su posición inicial (lo que quiere en términos numéricos o jurídicos), sino que hay que profundizar en *por qué lo quiere* y qué alternativas podrían satisfacer su necesidad. Un abogado que solo se limita a exigir lo que su cliente dice querer pierde oportunidades de negociación y bloquea la posibilidad de un acuerdo beneficioso.

Además, es imprescindible analizar qué *busca la otra parte*. En los litigios, tendemos a ver al contrario como un adversario, pero en la mediación es necesario cambiar el enfoque: la otra parte no es un enemigo, sino alguien con quien es posible negociar. Si comprendemos sus intereses, podremos prever sus estrategias y encontrar soluciones que beneficien a ambas partes sin que ninguna sienta que ha perdido.

Un aspecto clave en esta preparación es *gestionar las emociones del cliente antes de la mediación*. Un cliente que entra a la sesión con ira, ansiedad o frustración difícilmente podrá negociar de manera efectiva. La mediación requiere *una mentalidad abierta y flexible*, lo que significa que el abogado debe ayudar a su cliente a *reformular su percepción del conflicto* y enfocarlo desde una perspectiva constructiva.

También es fundamental *preparar toda la información relevante*. Aunque la mediación no sigue la estructura formal de un juicio, contar con datos claros y documentos de referencia puede ser crucial para respaldar una propuesta de acuerdo. Un abogado que llega a la mediación sin conocer bien los detalles del caso está dejando a su cliente en desventaja.

La falta de una preparación adecuada puede hacer que una mediación fracase antes de empezar. Por ello, la estrategia debe definirse con antelación, asegurando que el cliente *entienda el proceso, tenga expectativas realistas y cuente con herramientas para comunicarse de manera efectiva*.

En definitiva, las funciones del abogado antes de la mediación:

— *Asesorar al cliente sobre el proceso de mediación.* Explicarle qué es la mediación, cómo funciona y cuáles son sus ventajas frente al litigio.

— *Identificar los intereses reales del cliente.* No solo qué quiere, sino *por qué lo quiere*. Muchas veces el cliente se centra en su posición inicial («quiero 50.000 euros de indemnización») sin darse cuenta de que puede haber otras soluciones que satisfagan mejor su necesidad real.

— *Analizar los intereses de la otra parte.* Si comprendemos qué busca realmente la parte contraria, podremos anticiparnos y diseñar estrategias para facilitar el acuerdo.

— *Definir el margen de negociación.* ¿Cuáles son los límites? ¿Hasta dónde se puede ceder sin que el acuerdo deje de ser favorable?

— *Enseñar a gestionar emociones.* Un cliente que llega a la mediación con rabia, ansiedad o miedo difícilmente podrá negociar de manera eficaz. El abogado debe ayudarle a prepararse emocionalmente.

— *Recopilar toda la información relevante.* Aunque la mediación no es un juicio, es importante acudir con los datos y documentos necesarios para respaldar las propuestas que se planteen.

Errores comunes en la preparación y cómo evitarlos:

— No explicarle bien al cliente qué es la mediación: Dedicar tiempo a que comprenda el proceso y su importancia.

— No definir una estrategia clara: Analizar a fondo el caso y anticiparse a posibles objeciones.

— Centrarse solo en argumentos legales: Incorporar también elementos emocionales y de comunicación.

Un abogado que prepara bien la mediación *no solo tiene más posibilidades de lograr un acuerdo, sino que también consigue que su cliente se sienta más seguro y satisfecho con el proceso.*

2. DURANTE LA MEDIACIÓN: EL ABOGADO COMO FACILITADOR Y ESTRATEGA

Una vez iniciada la mediación, el abogado debe asumir un rol que difiere notablemente del que tradicionalmente ha desempeñado en los tribunales. Aquí no se trata de convencer a un juez ni de buscar contradicciones en el argumento contrario, sino de *fomentar el diálogo, desbloquear tensiones y guiar a su cliente en la construcción de acuerdos.*

En este punto, la *comunicación efectiva* se vuelve crucial. No es raro que los clientes lleguen a la mediación con posturas rígidas y emociones desbordadas. Como abogados, debemos ayudarles a *expresar sus necesidades de manera clara y respetuosa*, sin caer en ataques personales o discursos defensivos que solo agraven el conflicto.

El abogado, además de ser un *facilitador del diálogo*, también debe ser un *estratega de la negociación*. Esto implica *escuchar con atención lo que dice la otra parte*, identificar sus puntos de flexibilidad y proponer soluciones creativas que permitan alcanzar un punto medio.

Una de las habilidades más valiosas en este momento es la *capacidad de reformular los argumentos de nuestro cliente de manera que sean más efectivos y menos confrontativos*. Por ejemplo, si un cliente expresa de manera tajante *«¡No voy a ceder nada porque me han engañado!»,* el abogado puede reformular esta postura diciendo: *«Entiendo que te sientes traicionado por lo ocurrido, pero enfoquémonos en cómo encontrar una solución que te brinde garantías para el futuro».*

Esta capacidad de reformulación permite *desescalar el conflicto* y abrir nuevas posibilidades de diálogo. En muchos casos, una simple variación en la forma de expresar un punto puede marcar la diferencia entre un bloqueo y un avance en la negociación.

Las tres funciones clave:

1. Facilitador del diálogo

El abogado debe ayudar a su cliente a expresarse de manera clara y respetuosa, evitando enfrentamientos innecesarios. Para ello, puede emplear técnicas de *reformulación y parafraseo*, asegurándose de que los mensajes sean entendidos correctamente.

Ejemplo:

— Cliente: *«¡No voy a ceder nada porque él me ha engañado!»*.

— Abogado: *«Entiendo que te sientes traicionado por lo ocurrido. Quizá podríamos enfocarnos en cómo encontrar una solución que te dé garantías para el futuro»*.

2. Estrategia de la negociación

El abogado debe estar atento a los movimientos de la otra parte y *evaluar constantemente el desarrollo de la mediación* para ajustar su estrategia si es necesario. Algunas tácticas clave incluyen:

— *Escuchar atentamente los argumentos de la otra parte* para detectar posibles puntos de flexibilidad.

— *Hacer preguntas estratégicas* que ayuden a desbloquear la negociación.

— *Plantear propuestas creativas* que amplíen las opciones de acuerdo.

3. Controlador de emociones

En la mediación, las emociones pueden ser tanto un aliado como un obstáculo. Si las partes se dejan llevar por la ira o el resentimiento, es difícil avanzar hacia un acuerdo. *El abogado debe ayudar a su cliente a gestionar sus emociones y evitar que estas interfieran en la negociación.*

— Técnicas para controlar la emocionalidad en la mediación:

  * *Respiración profunda y pausas estratégicas* en momentos de tensión.

  * *Uso de un lenguaje positivo y conciliador* para suavizar confrontaciones.

  * *Recordar los beneficios de alcanzar un acuerdo* en lugar de estancarse en el conflicto.

Cuando el abogado adopta este enfoque, *logra que la mediación sea más productiva y que su cliente se sienta acompañado en todo momento*.

3. DESPUÉS DE LA MEDIACIÓN: SUPERVISIÓN Y FIDELIZACIÓN DEL CLIENTE

Muchos abogados creen que su trabajo termina una vez que se ha firmado un acuerdo de mediación. Nada más lejos de la realidad. *El éxito de una mediación no se mide solo en la obtención de un acuerdo, sino en su cumplimiento efectivo.* Si el acuerdo no se ejecuta correctamente o si las partes terminan enfrentándose de nuevo por diferencias en la interpretación de lo pactado, la mediación habrá fracasado.

El abogado debe asegurarse de que el acuerdo refleje fielmente lo negociado y que las obligaciones queden bien definidas. Además, es recomendable hacer un seguimiento posterior para *verificar que ambas partes cumplen con lo acordado y resolver cualquier posible malentendido antes de que escale nuevamente a un conflicto mayor*.

Finalmente, es importante entender que *la mediación es una oportunidad de fidelización del cliente*. Un cliente que siente que su abogado le ha proporcionado una solución eficaz, rápida y menos costosa que un litigio será un cliente que volverá en el futuro y que recomendará nuestros servicios a otras personas.

El trabajo del abogado mediador no se limita a la sesión de mediación. *El verdadero valor de su labor está en garantizar que el acuerdo alcanzado sea útil, justo y sostenible en el tiempo.*

Conclusión: un cambio de mentalidad necesario

El papel del abogado en la mediación *es mucho más complejo y estratégico de lo que muchos creen*. No es solo un acompañante del cliente, sino un *asesor, negociador y facilitador del diálogo*.

— Antes de la mediación, su trabajo es preparar la estrategia, gestionar emociones y definir objetivos claros.

— Durante la mediación, debe actuar como facilitador del diálogo, estratega de la negociación y controlador de emociones.

— Después de la mediación, su labor es supervisar el cumplimiento del acuerdo y garantizar la satisfacción del cliente.

El abogado que sabe desempeñar este rol con eficacia *no solo logra mejores resultados en la mediación, sino que se posiciona como un profesional altamente cualificado y diferenciado en el sector legal*.

Los abogados no podemos seguir viendo la mediación como un obstáculo o un trámite previo a la demanda. La mediación es *una herramienta fundamental en el nuevo paradigma de la justicia* y el abogado que sepa aprovecharla no solo logrará mejores resultados para sus clientes, sino que se posicionará como un profesional más completo y versátil.

Nuestra labor ya no se limita a defender intereses en los tribunales. Ahora, más que nunca, *debemos ser facilitadores de acuerdos, expertos en comunicación y estrategas de la negociación. La mediación no es el futuro. Es el presente. Y adaptarse a esta realidad es la clave para el éxito en la abogacía del siglo XXI.*

Capítulo 14

Mediación en el ámbito empresarial y corporativo

SUMARIO: 1. ¿POR QUÉ ES FUNDAMENTAL LA MEDIACIÓN EN EL MUNDO EMPRESARIAL? 2. TIPOS DE CONFLICTOS EMPRESARIALES QUE PUEDEN RESOLVERSE MEDIANTE MEDIACIÓN. 3. BENEFICIOS DE LA MEDIACIÓN EN EL ÁMBITO EMPRESARIAL. 4. EL PAPEL DEL ABOGADO MEDIADOR EN LOS CONFLICTOS EMPRESARIALES. 5. IMPLEMENTACIÓN DE LA MEDIACIÓN EN LA CULTURA EMPRESARIAL.

> *«Los negocios exitosos son aquellos que resuelven problemas, no los que los generan»*
>
> Peter Drucker

Un nuevo enfoque para la resolución de conflictos en el mundo de los negocios

Las empresas, sin importar su tamaño o sector, enfrentan constantemente situaciones de conflicto. Diferencias con proveedores, disputas entre socios, incumplimientos contractuales, problemas con clientes o conflictos laborales son solo algunos ejemplos de los desafíos que pueden surgir en el entorno empresarial. *Tradicionalmente, estas disputas se han llevado a los tribunales, lo que implica un alto coste económico, pérdida de tiempo y desgaste en las relaciones comerciales.*

Sin embargo, con la evolución de los *Medios Adecuados de Solución de Controversias (MASC)* y la consolidación de la mediación como un requisito previo a la judicialización de conflictos en muchas áreas, *las empresas empiezan a ver la mediación como una alternativa eficaz para gestionar disputas de manera más rápida y eficiente.*

En este capítulo, exploraremos cómo la mediación se aplica en el ámbito empresarial, los beneficios que aporta y cómo *el abogado mediador puede desempeñar un papel clave en este nuevo enfoque de resolución de conflictos corporativos.*

1. ¿POR QUÉ ES FUNDAMENTAL LA MEDIACIÓN EN EL MUNDO EMPRESARIAL?

En el ámbito empresarial, el tiempo y la reputación son dos activos de gran valor. *Una empresa que se enfrasca en un litigio largo y costoso no solo pierde recursos financieros, sino también oportunidades de negocio y credibilidad en el mercado.*

Principales problemas de la litigiosidad en el sector empresarial:

— *Altos costes legales*: Honorarios de abogados, tasas judiciales y gastos derivados del proceso pueden afectar significativamente la rentabilidad de una empresa.

— *Largos plazos de resolución*: Un litigio puede extenderse durante años, lo que retrasa la solución de problemas y afecta la operatividad del negocio.

— *Riesgo reputacional*: Un juicio puede dañar la imagen de la empresa, especialmente si el conflicto se hace público.

— *Deterioro de relaciones comerciales*: Un litigio suele ser el final de una relación comercial, mientras que la mediación permite conservar vínculos y encontrar soluciones que beneficien a ambas partes.

En este contexto, la mediación se presenta como una herramienta clave para que las empresas puedan *resolver conflictos de manera ágil, eficaz y menos agresiva.*

2. TIPOS DE CONFLICTOS EMPRESARIALES QUE PUEDEN RESOLVERSE MEDIANTE MEDIACIÓN

La mediación empresarial puede aplicarse en múltiples áreas, ofreciendo soluciones adaptadas a cada tipo de conflicto:

— Conflictos societarios

Las disputas entre socios pueden amenazar la estabilidad de una empresa. Diferencias en la visión del negocio, problemas en la toma de decisiones o desacuerdos sobre la gestión financiera pueden resolverse mediante mediación, evitando la ruptura del proyecto empresarial.

Ejemplo:

Dos socios de una empresa familiar tienen visiones opuestas sobre la expansión del negocio. En lugar de recurrir a un costoso proceso judicial, *una media-*

ción facilita el diálogo y ayuda a encontrar una solución intermedia que beneficie a ambas partes.

— Disputas contractuales

Las diferencias en la interpretación de contratos o incumplimientos de acuerdos pueden generar tensiones entre empresas y proveedores, clientes o colaboradores. En estos casos, la mediación permite renegociar términos y *encontrar soluciones que preserven la relación comercial.*

Ejemplo:

Un proveedor no puede entregar la mercancía en la fecha pactada debido a problemas logísticos. En lugar de llevar el caso a juicio, ambas partes acuerdan en mediación *modificar el contrato y establecer nuevas condiciones de entrega.*

— Conflictos laborales

Las empresas deben gestionar disputas con empleados de manera eficiente para evitar conflictos prolongados. Despidos, reclamaciones salariales o desacuerdos sobre condiciones laborales pueden resolverse a través de *una mediación interna, evitando demandas judiciales y fortaleciendo el clima laboral.*

Ejemplo:

Un trabajador reclama por impagos y la empresa alega dificultades financieras. En mediación, se acuerda un *plan de pagos fraccionado que satisface ambas partes y evita el litigio.*

— Problemas con clientes y consumidores.

Las reclamaciones de clientes pueden escalar hasta convertirse en problemas legales. *Una mediación rápida y efectiva permite resolver disputas sin dañar la imagen de la empresa* y sin necesidad de acudir a los tribunales.

Ejemplo:

Un cliente insatisfecho por el servicio recibido solicita una compensación económica. En mediación, se acuerda *una devolución parcial y un descuento en futuras compras*, evitando una demanda y fortaleciendo la fidelización del cliente.

3. BENEFICIOS DE LA MEDIACIÓN EN EL ÁMBITO EMPRESARIAL

La mediación empresarial ofrece múltiples ventajas frente a la vía judicial:

— *Rapidez*: Mientras que un litigio puede durar años, una mediación puede resolverse en semanas o incluso días.

— *Menor coste*: Los honorarios de mediación suelen ser significativamente más bajos que los de un juicio.

— *Confidencialidad*: A diferencia de los litigios, que pueden hacerse públicos, la mediación permite *resolver conflictos de manera privada, protegiendo la reputación de la empresa*.

— *Flexibilidad y creatividad*: Los acuerdos en mediación pueden incluir soluciones innovadoras y adaptadas a las necesidades de las partes, algo que un tribunal no siempre puede ofrecer.

— *Preservación de relaciones comerciales*: A diferencia de un juicio, donde la confrontación es inevitable, la mediación fomenta el diálogo y *permite que las partes sigan colaborando en el futuro*.

4. EL PAPEL DEL ABOGADO MEDIADOR EN LOS CONFLICTOS EMPRESARIALES

El abogado mediador en el ámbito empresarial debe desempeñar un *rol estratégico*, guiando a su cliente a lo largo del proceso y asegurando que la mediación conduzca a un acuerdo beneficioso.

Funciones clave del abogado mediador en empresas:

— *Evaluar la viabilidad de la mediación*: Determinar si el conflicto es apto para mediación y si existe una voluntad real de negociar.

— *Preparar a su cliente*: Definir objetivos, analizar los intereses de la otra parte y establecer estrategias de negociación.

— *Facilitar la comunicación*: Asegurar que las partes se expresen de manera clara y respetuosa, evitando confrontaciones innecesarias.

— *Proteger los intereses de su cliente*: Garantizar que el acuerdo sea justo y equitativo, sin poner en riesgo los derechos de su representado.

— *Formalizar el acuerdo*: Redactar y supervisar los términos del acuerdo para asegurar su cumplimiento y evitar futuros conflictos.

— *Monitoreo del cumplimiento*: En algunos casos, el abogado mediador puede desempeñar un papel clave en el seguimiento de los acuerdos para garantizar su aplicación efectiva.

El éxito de la mediación depende en gran medida de la capacidad del mediador para gestionar las emociones, facilitar la comunicación y encontrar soluciones que satisfagan los intereses de ambas partes.

5. IMPLEMENTACIÓN DE LA MEDIACIÓN EN LA CULTURA EMPRESARIAL

Para que la mediación sea una opción real en las empresas, *es necesario integrarla dentro de su estructura organizativa*. Algunas estrategias para lograrlo incluyen:

— *Capacitación en mediación*: Formar a directivos y empleados en técnicas de resolución de conflictos.

— *Incorporación de cláusulas de mediación en contratos*: Establecer en los contratos mercantiles que, en caso de disputa, la mediación será la primera vía de solución.

— *Creación de centros internos de mediación*: Grandes empresas pueden contar con departamentos de mediación para gestionar conflictos internos.

— *Promoción de una cultura de negociación*: Fomentar el diálogo como la primera opción para resolver diferencias en el entorno corporativo.

— *Uso de tecnología en mediación*: Implementar herramientas digitales y plataformas de resolución de conflictos en línea para facilitar el acceso a procesos de mediación más rápidos y accesibles.

La mediación empresarial ha demostrado ser una herramienta eficaz para la resolución de conflictos dentro de las organizaciones, permitiendo *soluciones rápidas, eficientes y menos costosas que los litigios tradicionales*. Para garantizar su éxito, es fundamental que las empresas integren la mediación en su cultura corporativa a través de la formación de sus directivos y empleados, la inclusión de cláusulas de mediación en sus contratos, la creación de departamentos internos especializados y la promoción de una cultura de negociación basada en el diálogo.

Además, la incorporación de herramientas digitales en los procesos de mediación permite agilizar la gestión de conflictos y facilita el acceso a métodos alternativos de resolución. *Con estas estrategias, las empresas no solo optimizan sus recursos y reducen su exposición a litigios, sino que también fortalecen sus relaciones comerciales y mejoran su reputación en el mercado*. La mediación no es solo una tendencia, sino una necesidad en un entorno empresarial dinámico y competitivo.

Conclusión: La mediación, una ventaja competitiva para las empresas

Las empresas que incorporan la mediación en su gestión de conflictos *ahorran tiempo, dinero y protegen su reputación*:

— La mediación es una herramienta clave para resolver disputas empresariales de forma rápida y eficaz.

— Permite reducir la litigiosidad y fortalecer las relaciones comerciales.

— El abogado mediador juega un papel estratégico en la negociación y estructuración de acuerdos.

En el mundo empresarial actual, *las empresas que saben gestionar conflictos mediante mediación tienen una ventaja competitiva sobre aquellas que recurren sistemáticamente a los tribunales.*

Porque en los negocios, como en la vida, *el éxito no está en ganar juicios, sino en encontrar soluciones inteligentes.*

Parte IV
Integración de la mediación en la práctica profesional

Capítulo 15

Integración de la mediación en el modelo de negocio del despacho de abogados

SUMARIO: 1. DE LA LITIGACIÓN A LA MEDIACIÓN: UN CAMBIO DE MENTALI-
DAD. 2. LA NECESIDAD DE UNA FORMACIÓN ESPECIALIZADA.
3. CREACIÓN DE UN PROTOCOLO INTERNO PARA LA MEDIACIÓN.
4. INCORPORACIÓN DE LA MEDIACIÓN EN EL MODELO DE NEGO-
CIO. 5. PLAN DE ACCIÓN PARA LA INCORPORACIÓN EFECTIVA DE LA
MEDIACIÓN. *5.1. Fase de planificación. 5.2. Fase de implementación. 5.3. Fase
de seguimiento y mejora continua.*

«Adaptarse al cambio no es una opción, es una necesidad»

John Kotter

La entrada en vigor de la *Ley Orgánica 1/2025 de eficiencia procesal* representa un hito en la evolución del sistema judicial español. Su principal objetivo
es agilizar la resolución de conflictos y descongestionar los tribunales mediante
el impulso de los *métodos alternativos de resolución de conflictos (MASC),* en los
que la mediación juega un papel central. Para los despachos de abogados, esta
reforma no solo implica un cambio normativo, sino una oportunidad para transformar su estructura y adaptarse a un modelo de negocio más eficiente y competitivo.

1. DE LA LITIGACIÓN A LA MEDIACIÓN: UN CAMBIO DE MENTALIDAD

Durante décadas, la función del abogado se ha vinculado fundamentalmente
con la litigación. Sin embargo, la nueva normativa establece la necesidad de
recurrir a mecanismos alternativos antes de acudir a los tribunales. Este cambio
de paradigma exige que los abogados adopten un *enfoque más amplio de la gestión
del conflicto,* donde su rol no sea exclusivamente el de litigante, sino también el
de *facilitador de acuerdos y negociador estratégico.*

Integrar la mediación en la práctica jurídica requiere un cambio de mentalidad en el que el abogado deje de ver la resolución extrajudicial como una pérdida de ingresos y la contemple como una *solución más eficaz y rentable* para su cliente. La mediación ofrece ventajas evidentes: menor coste, rapidez, confidencialidad y la posibilidad de alcanzar acuerdos que satisfagan los intereses de ambas partes sin la incertidumbre de una sentencia judicial.

2. LA NECESIDAD DE UNA FORMACIÓN ESPECIALIZADA

Para que un abogado pueda desempeñar con eficacia su nuevo rol dentro del sistema, es imprescindible que cuente con una formación sólida en mediación y técnicas de resolución de conflictos. El conocimiento jurídico, aunque fundamental, no es suficiente: la mediación requiere competencias adicionales como la *escucha activa, la gestión emocional, la comunicación efectiva y la creatividad en la negociación*.

Los despachos de abogados deben fomentar la capacitación de sus profesionales en:

— Técnicas de mediación y facilitación de acuerdos.

— Psicología del conflicto y negociación.

— Estrategias de comunicación no confrontativa.

— Legislación sobre mediación y su aplicación en los distintos ámbitos.

Algunos despachos han optado por contar con mediadores internos o establecer colaboraciones con mediadores certificados para ofrecer este servicio de manera integral. Esta opción no solo garantiza una mayor profesionalización del proceso, sino que también permite a los clientes percibir que su abogado no solo defiende su posición, sino que busca soluciones ágiles y efectivas en su interés.

3. CREACIÓN DE UN PROTOCOLO INTERNO PARA LA MEDIACIÓN

Para que la mediación forme parte del día a día del despacho, es necesario establecer un protocolo interno que garantice su correcta aplicación. Este protocolo debe incluir:

1. *Evaluación previa del caso*: determinar si el conflicto es susceptible de resolverse mediante mediación antes de acudir a los tribunales.

2. *Consulta inicial con el cliente*: explicar la mediación como una alternativa viable y los beneficios que puede aportar en su situación específica.

3. *Derivación a un mediador interno o externo*: según la estructura del despacho, el caso puede ser gestionado por un abogado-mediador del propio equipo o por un profesional externo especializado.

4. *Seguimiento del acuerdo*: garantizar el cumplimiento de lo pactado y, en su caso, ofrecer asesoramiento adicional para su ejecución efectiva.

Este modelo permite optimizar la gestión de los casos, reducir el tiempo de resolución de los conflictos y mejorar la satisfacción del cliente, que verá atendidos sus intereses de manera más eficiente.

4. INCORPORACIÓN DE LA MEDIACIÓN EN EL MODELO DE NEGOCIO

La mediación no debe ser vista solo como una obligación impuesta por la ley, sino como una oportunidad para diversificar los servicios del despacho. Existen varias formas de integrar la mediación en el modelo de negocio:

— *Como un servicio independiente*, con tarifas diferenciadas según la complejidad del caso.

— *Como parte de un paquete de asesoramiento jurídico integral*, que incluya mediación previa al litigio.

— *Mediante la creación de un área de resolución alternativa de conflictos*, con mediadores internos especializados.

— *A través de plataformas digitales de mediación online (ODR)*, que faciliten acuerdos en disputas civiles y mercantiles.

Un despacho que se adapte rápidamente a esta transformación no solo cumplirá con la ley, sino que se posicionará como un referente en solución de conflictos, atrayendo a clientes que buscan alternativas más ágiles y menos costosas que el litigio tradicional.

5. PLAN DE ACCIÓN PARA LA INCORPORACIÓN EFECTIVA DE LA MEDIACIÓN

Para lograr una integración exitosa de la mediación en el despacho de abogados, es esencial desarrollar un plan de acción estructurado que contemple todas las fases del proceso: planificación, implementación y seguimiento.

5.1. FASE DE PLANIFICACIÓN

— *Diagnóstico de la situación actual del despacho*: evaluar el volumen de litigios, áreas susceptibles de mediación y nivel de formación en resolución alternativa de conflictos.

— *Definición de objetivos*: determinar el porcentaje de reducción de litigios mediante mediación y establecer indicadores de éxito.

— *Asignación de recursos*: designación de un equipo interno de mediadores o colaboración con profesionales externos.

— *Adaptación del despacho*: adecuación de espacios físicos y tecnológicos para la realización de mediaciones tanto presenciales como virtuales.

5.2. FASE DE IMPLEMENTACIÓN

— *Formación del equipo*: capacitación obligatoria en mediación y comunicación efectiva, así como certificación de mediadores internos.

— *Creación de un protocolo de mediación*: desarrollo de guías para evaluar la idoneidad de la mediación en cada caso y para el seguimiento de acuerdos.

— *Difusión y captación de clientes*: marketing digital y tradicional para promocionar la mediación como un valor diferencial del despacho.

— *Alianzas estratégicas*: colaboración con cámaras de comercio, colegios profesionales y otras entidades para fomentar el uso de la mediación.

5.3. FASE DE SEGUIMIENTO Y MEJORA CONTINUA

— *Medición del impacto*: análisis trimestral de los casos resueltos mediante mediación y comparación con procesos judiciales tradicionales.

— *Evaluación de la satisfacción del cliente*: encuestas y entrevistas para ajustar y mejorar la experiencia del usuario en mediación.

— *Optimización del servicio*: detección de áreas de mejora y adaptación de estrategias en función de la evolución del sector y de la normativa vigente.

— *Expansión del servicio*: exploración de nuevos sectores donde la mediación pueda aplicarse con éxito, como conflictos empresariales, propiedad intelectual o derecho de familia.

Conclusión: Un despacho preparado para el futuro

La incorporación de la mediación en el despacho de abogados no solo responde a un mandato legal, sino que supone una evolución natural hacia un modelo de negocio más ágil, rentable y enfocado en la resolución eficaz de conflictos. Con un plan estratégico bien estructurado, los despachos pueden posicionarse como referentes en la gestión de disputas, ofreciendo a sus clientes soluciones innovadoras y satisfactorias.

Capítulo 16

Estrategias de marketing y posicionamiento del abogado mediador en España

SUMARIO: 1. INTRODUCCIÓN: EL DESAFÍO DE LA MEDIACIÓN EN ESPAÑA. 2. ESTRATEGIAS DE MARKETING Y POSICIONAMIENTO DEL ABO-GADO MEDIADOR. 3. IMPLEMENTACIÓN, MEDICIÓN Y EVALUACIÓN DE LA ESTRATEGIA.

«Si no te conocen, no existes. Si no confían en ti, no te contratan»

Seth Godin

1. INTRODUCCIÓN: EL DESAFÍO DE LA MEDIACIÓN EN ESPAÑA

La mediación en España sigue siendo una herramienta subutilizada. A pesar de sus ventajas evidentes, tanto en términos de ahorro de tiempo como de costes, aún no está plenamente integrada en la cultura legal y social del país. Este desconocimiento no solo afecta a los clientes potenciales, sino también a los propios abogados, muchos de los cuales siguen viendo la mediación con escepticismo, ya sea por falta de información o por la percepción de que puede restarles protagonismo profesional.

En este contexto, el abogado mediador enfrenta un doble reto: por un lado, educar y sensibilizar al público sobre los beneficios de la mediación y, por otro, posicionarse como un referente confiable en un mercado donde la litigación sigue siendo la opción predominante. Para lograrlo, es imprescindible diseñar una estrategia de marketing y posicionamiento bien estructurada, que no solo atraiga clientes, sino que también genere confianza y credibilidad en la mediación como método eficaz de resolución de conflictos.

2. ESTRATEGIAS DE MARKETING Y POSICIONAMIENTO DEL ABOGADO MEDIADOR

a) *Educación del mercado*: sensibilizar y generar confianza

Dado que la mediación sigue siendo desconocida para gran parte de la población, el primer paso para cualquier abogado mediador es convertirse en un educador dentro de su comunidad profesional y social. No basta con ofrecer servicios de mediación; hay que generar un cambio de mentalidad:

— *Charlas y talleres en colegios de abogados, empresas y universidades*: Organizar eventos educativos dirigidos a profesionales del derecho, empresarios y ciudadanos en general, explicando de manera sencilla y práctica qué es la mediación y cómo puede beneficiarles.

— *Publicaciones en blogs y redes sociales*: Escribir artículos sobre la mediación, aclarando mitos y compartiendo casos de éxito (respetando siempre la confidencialidad). Un blog bien estructurado puede ser una excelente herramienta para atraer tráfico cualificado a la página web del mediador.

— *Colaboración con medios de comunicación*: Participar en programas de radio, entrevistas en periódicos o incluso en pódcast jurídicos para hablar de mediación y difundir su utilidad de manera accesible y cercana.

— *Testimonios de clientes satisfechos*: Contar con testimonios de personas que han resuelto sus conflictos mediante mediación aporta credibilidad y confianza. Una historia real tiene un impacto mucho mayor que cualquier discurso técnico sobre la materia.

b) *Construcción de una marca personal*: diferenciarse en un mercado competitivo

En un entorno en el que la mediación aún no está plenamente asentada, el abogado mediador debe trabajar en la construcción de una identidad clara y diferenciada que le haga destacar:

— *Definir una propuesta de valor única*: Identificar qué le hace diferente dentro del sector de la mediación. ¿Especialización en conflictos empresariales? ¿Mediación familiar? ¿Una metodología innovadora?

— *Presencia en redes profesionales como LinkedIn*: Compartir contenido de valor, interactuar con otros profesionales y participar en debates jurídicos permite construir una imagen de autoridad en la materia.

— *Página web profesional*: No basta con tener una web, debe ser un portal bien estructurado, con información clara sobre los servicios, una sección de preguntas frecuentes y artículos educativos sobre mediación.

— *Estrategia de comunicación humanizada*: Evitar un lenguaje excesivamente técnico y apostar por una comunicación cercana y accesible que haga que cualquier persona entienda qué hace un mediador y por qué deberíamos acudir a él en caso de conflicto.

c) *Marketing digital*: herramientas clave para la visibilidad

Internet se ha convertido en el principal canal de búsqueda de información, por lo que una buena estrategia de marketing digital es imprescindible para atraer clientes. Algunas claves incluyen:

— *SEO y marketing de contenidos*: Publicar artículos optimizados para buscadores que respondan a dudas comunes de los clientes potenciales.

Ejemplo:

«¿Qué diferencia hay entre un juicio y una mediación?».

— *Videos explicativos y webinars*: Explicar en formato visual los beneficios de la mediación es mucho más efectivo que un texto largo. Un video breve y bien estructurado puede marcar la diferencia.

— *Publicidad segmentada en redes sociales*: Invertir en anuncios dirigidos a empresarios, abogados y ciudadanos interesados en resolver conflictos sin recurrir a los tribunales.

— *Email marketing*: Enviar boletines con novedades y casos prácticos de mediación puede ayudar a mantener el contacto con clientes potenciales.

d) *Networking y alianzas estratégicas*: la importancia de crear sinergias

El crecimiento del abogado mediador no depende solo de atraer clientes individuales, sino también de establecer relaciones profesionales con otros actores clave del sector:

— *Alianzas con despachos de abogados*: Muchos abogados pueden derivar casos a la mediación si tienen la certeza de que se gestionarán de manera profesional y ética.

— *Colaboración con psicólogos, coaches y consultores empresariales*: En muchos conflictos, la mediación requiere un enfoque multidisciplinar. Crear una red de contactos con otros profesionales complementarios puede ser muy beneficioso.

— *Participación en eventos y conferencias*: Asistir y, si es posible, participar como ponente en congresos de derecho y resolución de conflictos refuerza la imagen de credibilidad del mediador.

3. IMPLEMENTACIÓN, MEDICIÓN Y EVALUACIÓN DE LA ESTRATEGIA

a) Plan de implementación

Para lograr un posicionamiento sólido, es fundamental ejecutar la estrategia en fases bien definidas:

1. *Primeros 3 meses*: Definir la especialización, crear presencia en redes y lanzar la web con contenido básico.

2. *De 3 a 6 meses*: Generar contenido educativo, realizar eventos y optimizar la estrategia de comunicación digital.

3. *A partir de 6 meses*: Evaluar el impacto de las acciones, ajustar la estrategia y potenciar las alianzas estratégicas.

b) Medición de resultados

Para saber si la estrategia está funcionando, hay que analizar datos clave:

— *Tráfico web y conversión*: Cuántas personas visitan la página y cuántas solicitan información.

— *Interacción en redes sociales*: Número de comentarios, compartidos y mensajes recibidos.

— *Cantidad de consultas recibidas*: Medir el crecimiento del interés por los servicios de mediación.

c) Evaluación y optimización

Cada seis meses, se debe realizar una revisión completa de la estrategia para detectar puntos fuertes y áreas de mejora. Ajustar la comunicación, mejorar la segmentación de clientes y explorar nuevos formatos de contenido son acciones clave para seguir creciendo.

Conclusión

El abogado mediador en España tiene el reto de consolidarse en un entorno aún poco receptivo a la mediación. Con una estrategia bien definida, centrada en la educación del mercado, el desarrollo de una marca personal sólida y el uso eficaz del marketing digital, es posible crear una imagen de referencia en el sector. Además, el networking y la evaluación continua de las acciones permitirán ajustar la estrategia y mejorar los resultados a lo largo del tiempo.

El éxito en este ámbito no solo depende del conocimiento técnico, sino de la capacidad de conectar con las personas y mostrarles que la mediación es una herramienta poderosa para resolver conflictos de manera eficiente y justa.

Capítulo 17

Redefiniendo la imagen del abogado: de litigante a solucionador de problemas

SUMARIO: 1. INTRODUCCIÓN: EL CAMBIO DE PARADIGMA EN LA ABOGACÍA. 2. LA IMAGEN DEL ABOGADO: ENTRE LA TRADICIÓN Y LA MODERNIDAD. 3. DEL LITIGIO A LA RESOLUCIÓN ESTRATÉGICA DE CONFLICTOS.

«El verdadero líder no es el que crea más seguidores, sino el que forma más líderes»

John C. Maxwell

1. INTRODUCCIÓN: EL CAMBIO DE PARADIGMA EN LA ABOGACÍA

Durante siglos, la abogacía ha estado vinculada al *litigio, la confrontación y la defensa inquebrantable de los intereses del cliente ante los tribunales*. La imagen del abogado como un estratega de la disputa legal se ha arraigado profundamente en la sociedad, en los medios de comunicación y, lo más importante, en la propia mentalidad de los profesionales del derecho. Sin embargo, el mundo ha cambiado y con él, la manera en la que los conflictos son gestionados y resueltos.

Hoy en día, los clientes no solo buscan un abogado que pelee por ellos en los tribunales, sino un *profesional que les ofrezca soluciones reales y efectivas*, que reduzcan el tiempo, los costes y el desgaste emocional que supone un litigio. La figura del abogado debe evolucionar: de combatiente a *facilitador*, de litigante a *solucionador de problemas*.

Con la introducción de los *Medios Adecuados de Solución de Controversias (MASC)* y la creciente obligatoriedad de la mediación en España, esta transición no es solo una opción, sino una *necesidad para la supervivencia profesional*.

En este capítulo exploraremos cómo los abogados pueden redefinir su rol en la sociedad y cómo esta transformación no solo beneficia a los clientes, sino que también fortalece la propia reputación y rentabilidad del despacho.

2. LA IMAGEN DEL ABOGADO: ENTRE LA TRADICIÓN Y LA MODERNIDAD

La percepción del abogado en la sociedad ha sido, en muchas ocasiones, contradictoria. Por un lado, se le ve como un *profesional necesario para la defensa de los derechos*; pero por otro, se le asocia con *intereses económicos, burocracia y un sistema lento y costoso*.

Los clientes han evolucionado. Hoy en día, las personas no buscan únicamente a un abogado que *les represente en un juicio*, sino a un profesional que *les ayude a evitarlo*. Prefieren soluciones rápidas, eficaces y que les permitan seguir con su vida sin largos procesos judiciales.

Sin embargo, la abogacía no ha sabido transmitir esta transformación de manera clara. Aún existe la creencia de que el abogado es un profesional que vive del conflicto, que solo gana dinero cuando hay una disputa y que su interés principal es prolongar los litigios. Esta percepción, aunque injusta, no deja de ser una barrera que debemos derribar.

Si queremos que la sociedad nos vea como *profesionales de la resolución de conflictos*, debemos cambiar nuestra forma de comunicarnos, de ofrecer nuestros servicios y de interactuar con nuestros clientes.

3. DEL LITIGIO A LA RESOLUCIÓN ESTRATÉGICA DE CONFLICTOS

El *abogado del futuro* no se define por su capacidad de redactar demandas o presentar recursos, sino por su habilidad para *encontrar soluciones prácticas y eficientes*. Esto implica un cambio de enfoque en tres niveles:

1. *Cómo entendemos nuestra profesión*: Pasamos de una visión centrada en el litigio a una basada en la estrategia y la solución.

2. *Cómo nos comunicamos con nuestros clientes*: Explicamos que la mejor solución no siempre es ir a juicio, sino encontrar un camino más rápido y menos costoso.

3. *Cómo nos posicionamos en el mercado*: Nos diferenciamos como abogados que resuelven problemas, no solo que litigan.

El impacto de la mediación y los MASC en este cambio:

Con la Ley de Eficiencia Procesal y la creciente obligatoriedad de intentar resolver un conflicto mediante mediación antes de litigar, la figura del abogado está evolucionando. Este cambio no significa perder importancia dentro del proceso, sino todo lo contrario: *nos convierte en piezas clave en la gestión de conflictos extrajudiciales.*

Un abogado que domina estas herramientas es un *abogado más valioso para su cliente*, ya que le ofrece alternativas y no simplemente un largo y costoso procedimiento judicial.

4. **Beneficios de la transformación del abogado en solucionador de problemas**

Adaptarse a este nuevo modelo no solo tiene ventajas para los clientes, sino también para el propio abogado y su despacho.

Para los clientes:

— *Ahorro de tiempo*: Los procesos de mediación y negociación son mucho más rápidos que un juicio, lo que significa menos meses (o años) de incertidumbre.

— *Menos costes*: Evitar el litigio supone una reducción significativa en honorarios, tasas y otros gastos asociados.

— *Mayor satisfacción*: Un cliente que resuelve su problema de manera ágil y con una solución que satisface sus intereses estará más contento y recomendará nuestros servicios.

Para el abogado:

— *Más casos resueltos en menos tiempo*: En lugar de estar atrapado en procesos judiciales interminables, el abogado puede gestionar más asuntos de forma eficiente.

— *Mejor reputación y diferenciación en el mercado*: Posicionarse como un abogado que realmente soluciona problemas nos hace destacar en un sector altamente competitivo.

— *Fidelización y recomendación de clientes*: Un cliente satisfecho es un cliente que vuelve y que recomienda nuestros servicios.

Este modelo nos permite no solo ser más efectivos, sino también más rentables, ya que una *gestión eficiente del tiempo y los recursos se traduce en una mayor rentabilidad para el despacho.*

5. Estrategias para adoptar el nuevo rol de solucionador de problemas

Para que este cambio sea efectivo, es necesario implementar una *serie de estrategias prácticas* que nos permitan integrar la resolución alternativa de conflictos en nuestra forma de trabajar:

— *Formación continua en mediación y negociación*: Es imprescindible que los abogados adquieran habilidades en mediación, conciliación y negociación para ofrecer soluciones efectivas.

— *Comunicación clara con los clientes*: Explicar de manera accesible a los clientes que ir a juicio no siempre es la mejor opción y mostrarles alternativas.

— *Aplicación de herramientas digitales para resolución de conflictos*: La mediación online y las plataformas de gestión de conflictos están en auge y pueden ser una ventaja competitiva.

— *Posicionamiento como experto en resolución de disputas*: Es importante construir una marca personal que nos identifique como abogados que resuelven problemas de manera eficiente.

Conclusión: El abogado que elige su propio futuro

El mundo jurídico está cambiando y, con él, la forma en la que los abogados debemos desempeñar nuestra profesión. No se trata de *abandonar el litigio*, sino de *comprender que el verdadero valor de un abogado no radica en la confrontación, sino en la capacidad de encontrar soluciones eficientes para sus clientes.*

Un abogado que sigue viendo el conflicto desde una perspectiva meramente litigiosa está destinado a quedar rezagado. En cambio, aquel que entiende que su función es ayudar a sus clientes a *resolver problemas de la mejor manera posible*, con rapidez, eficiencia y visión estratégica, será el profesional del futuro.

Los *clientes ya están demandando este cambio*. La pregunta es: *¿estamos listos para dárselo?*

Porque en el derecho, como en la vida, el éxito no está en pelear sin tregua, sino en *saber cuándo y cómo lograr la mejor solución*. Y eso es lo que diferencia a un simple litigante de un *verdadero solucionador de problemas*.

Capítulo 18

El futuro de la abogacía: tendencias y adaptación al nuevo paradigma

SUMARIO: 1. LA ABOGACÍA EN UN PUNTO DE INFLEXIÓN. 2. PRINCIPALES TEN-DENCIAS QUE DEFINIRÁN EL FUTURO DE LA ABOGACÍA. 3. CÓMO ADAPTARSE A LA NUEVA ABOGACÍA. 4. LA ABOGACÍA DEL FUTURO YA ESTÁ AQUÍ.

«El futuro pertenece a quienes ven oportunidades antes de que sean obvias»

John Sculley

1. LA ABOGACÍA EN UN PUNTO DE INFLEXIÓN

La abogacía se encuentra en un *punto de inflexión*. Durante siglos, la práctica jurídica ha estado dominada por el litigio, la confrontación y la resolución de conflictos en los tribunales. Sin embargo, en las últimas décadas, los cambios legislativos, tecnológicos y sociales han impulsado una transformación profunda en la forma en que los abogados ejercen su profesión.

La entrada en vigor de normativas como la *Ley de Eficiencia Procesal* en España ha acelerado la evolución de la abogacía hacia un modelo *menos litigioso y más orientado a la resolución alternativa de conflictos*. La mediación, la conciliación y el arbitraje han dejado de ser métodos secundarios para convertirse en el *nuevo paradigma del ejercicio profesional*.

Pero esta transformación va mucho más allá de la mediación obligatoria. En este capítulo exploraremos cómo se está redefiniendo el papel del abogado en el siglo XXI, qué tendencias marcarán el futuro de la profesión y qué estrategias deben adoptar los abogados para *adaptarse y prosperar en este nuevo escenario*.

2. PRINCIPALES TENDENCIAS QUE DEFINIRÁN EL FUTURO DE LA ABOGACÍA

Los cambios que enfrenta la profesión jurídica no son aislados, sino que responden a un conjunto de factores interconectados. A continuación, analizamos las *principales tendencias que moldearán el futuro de la abogacía* y que cualquier profesional debe conocer para no quedarse atrás.

a) La resolución alternativa de conflictos como estándar

Los tribunales han dejado de ser la única vía de solución de disputas. La mediación, el arbitraje y la negociación extrajudicial se consolidan como los métodos preferidos por empresas, ciudadanos y administraciones públicas:

— *Expansión de la mediación obligatoria*: Normativas como la Ley 1/2025 están impulsando la mediación como un paso obligatorio antes del juicio.

— *Mayor especialización de los abogados en resolución alternativa*: Se demandan profesionales con habilidades de negociación, comunicación y gestión emocional.

— *Tribunales que fomentan la mediación*: Cada vez más jueces derivan casos a mediadores para evitar la saturación judicial.

Los abogados que sepan *mediar y negociar con eficacia* serán los más valorados en el nuevo sistema.

b) Transformación digital y legaltech

El uso de la tecnología en el sector legal está revolucionando la forma en que los abogados trabajan, automatizando procesos y facilitando la resolución de conflictos a distancia:

— *Plataformas de mediación online*: La digitalización permite gestionar mediaciones de forma virtual, reduciendo costes y tiempos.

— *Uso de inteligencia artificial en la abogacía*: Sistemas de IA pueden analizar contratos, predecir resultados legales y mejorar la estrategia de negociación.

— *Automatización de procesos legales*: La gestión documental, la redacción de escritos y la programación de audiencias se están simplificando con software jurídico avanzado.

El abogado del futuro deberá *combinar sus habilidades humanas con herramientas tecnológicas para ofrecer un servicio más eficiente y competitivo.*

c) Un cliente más informado y exigente

El acceso masivo a la información ha cambiado la relación entre abogado y cliente. Ya no basta con *saber derecho*, ahora los clientes buscan asesores que les ofrezcan *soluciones personalizadas y estratégicas*:

— El cliente ya no quiere pleitos, sino soluciones prácticas.

— Exige rapidez y transparencia en la gestión de su caso.

— Valora más a los abogados con enfoque preventivo y resolutivo.

La clave estará en desarrollar un *modelo de abogacía centrado en la experiencia del cliente*, en el que la comunicación y la personalización del servicio sean esenciales.

d) Nuevos modelos de negocio jurídico

La estructura tradicional del despacho de abogados está evolucionando hacia modelos más flexibles, colaborativos y especializados:

— *Despachos híbridos*: Combinación de servicios jurídicos tradicionales con consultoría estratégica y mediación.

— *Abogados freelance y plataformas jurídicas*: El auge de la economía digital ha generado oportunidades para abogados independientes que trabajan en plataformas online.

— *Legaltech y despachos 100% digitales*: Empresas que ofrecen servicios jurídicos totalmente automatizados y accesibles desde cualquier parte del mundo.

El abogado del futuro *no solo debe saber derecho, sino también comprender la evolución del negocio jurídico y adaptarse a las nuevas formas de prestación de servicios*.

3. CÓMO ADAPTARSE A LA NUEVA ABOGACÍA

Ante estos cambios, surge la pregunta clave: *¿Cómo debe prepararse un abogado para prosperar en este nuevo contexto?* A continuación, se presentan *estrategias clave* para no solo sobrevivir, sino destacar en la abogacía del futuro.

a) Especialización en resolución alternativa de conflictos

El abogado que domine la mediación, la negociación y el arbitraje tendrá más oportunidades en un mercado donde el litigio está perdiendo protagonismo:

— Formarse en técnicas de mediación y negociación avanzada.

— Obtener certificaciones en resolución alternativa de conflictos.

— Desarrollar habilidades de comunicación y gestión emocional.

Un abogado que sabe *evitar juicios innecesarios y solucionar problemas eficazmente* será más valorado por sus clientes.

b) Incorporación de tecnología en la práctica profesional

La digitalización ya no es una opción, sino una necesidad. Los abogados deben integrar herramientas tecnológicas para optimizar su trabajo y mejorar la experiencia del cliente:

— Utilizar plataformas de gestión legal y mediación online.

— Aprovechar la inteligencia artificial para agilizar el análisis de casos.

— Adoptar sistemas de firma digital y expediente electrónico.

Los profesionales que se adapten a estas herramientas *serán más eficientes, competitivos y accesibles para sus clientes*.

c) Enfoque en la experiencia del cliente

El éxito ya no depende solo de ganar juicios, sino de la capacidad de ofrecer un *servicio ágil, claro y orientado a resultados*:

— Mantener una comunicación proactiva y transparente con el cliente.

— Ofrecer soluciones preventivas y estrategias personalizadas.

— Construir una marca personal basada en la confianza y la cercanía.

El abogado del futuro será *más un consultor estratégico que un simple litigante*.

d) Innovación en el modelo de negocio

Para destacar en la nueva era de la abogacía, es clave *diferenciarse y ofrecer un valor añadido*:

— Explorar modelos de negocio híbridos (abogacía + mediación + consultoría).

— Crear contenido de valor para atraer clientes a través del marketing digital.

— Desarrollar alianzas estratégicas con otros profesionales y empresas.

Los abogados que adopten *un enfoque innovador y flexible* serán los que dominen el mercado legal en los próximos años.

4. LA ABOGACÍA DEL FUTURO YA ESTÁ AQUÍ

El cambio en la abogacía *no es una opción, sino una realidad inevitable*. La transformación del sistema legal, el avance de la mediación y la digitalización han creado un nuevo paradigma en el que *los abogados deben evolucionar para seguir siendo relevantes*.

Los profesionales que *abracen este cambio con una mentalidad abierta, inviertan en formación continua y adopten nuevas herramientas* no solo sobrevivirán, sino que prosperarán en un entorno cada vez más exigente y competitivo.

Porque el abogado del siglo XXI ya no es solo un litigante. Es un solucionador de problemas, un estratega y un agente de cambio en la justicia del futuro.

Parte VI
Herramientas y recursos para una mediación efectiva

Del conocimiento a la acción: mediación aplicada

La mediación es un *proceso dinámico y flexible*, donde la preparación y el manejo de herramientas estratégicas pueden marcar la diferencia entre el éxito y el fracaso. Este manual práctico tiene como objetivo proporcionar *guías, plantillas y estrategias útiles* para que los abogados puedan integrar la mediación de manera eficaz en su práctica profesional.

A continuación, presentamos *un conjunto de recursos prácticos* que facilitarán el proceso de mediación en sus distintas etapas: *preparación, desarrollo y cierre*.

1. CHECKLIST PARA PREPARAR UNA MEDIACIÓN

Antes de iniciar una mediación, es crucial que el abogado *prepare cada detalle* para maximizar las posibilidades de éxito. Esta checklist ayudará a estructurar y organizar el proceso:

a) Pasos previos a la mediación:

— *Confirmar la disposición del cliente*: Explicarle en qué consiste la mediación y asegurarse de que entiende el proceso.

— *Identificar el objetivo de la mediación*: ¿Qué busca realmente el cliente? ¿Cuál sería un resultado aceptable para él?

— *Recopilar toda la documentación relevante*: Contratos, correos electrónicos, pruebas documentales, etc.

— *Conocer la normativa aplicable*: Revisar la legislación en materia de mediación y los posibles efectos jurídicos del acuerdo.

— *Analizar a la parte contraria*: ¿Cuáles pueden ser sus intereses y motivaciones?

b) Planificación de la estrategia de mediación:

— *Definir los puntos de negociación*: ¿Dónde se puede ceder y dónde no?

— *Preparar argumentos de refuerzo*: Identificar datos, hechos o normativas que respalden la posición del cliente.

— *Enseñar al cliente técnicas de comunicación efectiva*: Cómo expresarse sin confrontar ni aumentar la tensión.

— *Evaluar posibles escenarios*: Prepararse para respuestas agresivas o reticentes de la parte contraria.

c) Aspectos logísticos de la mediación:

— *Asegurar que la mediación se realice en un entorno adecuado*: Un espacio neutral y cómodo para ambas partes.

— *Definir los tiempos de la sesión*: No extenderse demasiado, evitando que la fatiga afecte la negociación.

— *Coordinar con el mediador*: Confirmar su rol y conocer su metodología de trabajo.

2. PREGUNTAS CLAVE PARA LOS CLIENTES ANTES DE LA MEDIACIÓN

Uno de los problemas más comunes en la mediación es que los clientes *no llegan con una mentalidad abierta*, sino con la idea de «ganar» como si estuvieran en un juicio. Para evitar esto, es esencial hacerles *preguntas clave* que los ayuden a comprender sus propios intereses y expectativas:

a) Preguntas para definir intereses y expectativas:

— *¿Cuál es tu objetivo principal en esta mediación?*

— *¿Cuáles son los aspectos más importantes para ti en este conflicto?*

— *Si pudieras resolver este problema sin ir a juicio, ¿cómo te gustaría que fuera el acuerdo?*

— *¿Hay algo que estarías dispuesto a ceder para llegar a un acuerdo?*

b) Preguntas sobre la relación con la otra parte:

— *¿Cómo describirías tu relación actual con la otra parte?*

— *¿Qué te gustaría cambiar en esa relación a través de la mediación?*

— *¿Existen temas emocionales que podrían interferir en la negociación?*

— *¿Cómo te sentirías si no se llegara a un acuerdo y el caso terminara en juicio?*

c) Preguntas para gestionar emociones:

— *¿Cómo te sientes respecto a esta mediación?*

— *¿Tienes algún temor sobre el proceso o el resultado?*

— *Si la otra parte se muestra agresiva o cerrada, ¿cómo crees que reaccionarás?*

— *¿Cómo podemos asegurarnos de que tu mensaje sea escuchado de la mejor manera posible?*

Estas preguntas ayudan a que el cliente llegue *más preparado y con una visión clara de lo que realmente necesita y puede conseguir* en la mediación.

3. TÉCNICAS PARA DESBLOQUEAR CONFLICTOS EN MEDIACIÓN

En toda mediación puede llegar un *momento de estancamiento*, donde ninguna de las partes parece querer ceder. Aquí es donde el abogado debe aplicar *técnicas estratégicas para desbloquear el conflicto* y continuar con la negociación:

a) Técnica 1: Reformulación positiva del problema

— *En lugar de decir:* «Tú nunca cumples con tu parte del trato».

— *Reformular como:* «¿Cómo podemos asegurarnos de que ambas partes cumplan con lo acordado en el futuro?».

Esta técnica ayuda a cambiar el enfoque de un reproche hacia una *búsqueda de solución conjunta*.

b) Técnica 2: Preguntas abiertas para explorar opciones

— *¿Qué haría que esta propuesta fuera más aceptable para ti?*

— *Si pudiéramos modificar algún aspecto del acuerdo, ¿cuál sería?*

— *¿Hay algo que podamos agregar o cambiar para que ambas partes se sientan satisfechas?*

Las preguntas abiertas fomentan la creatividad y evitan el estancamiento en posturas rígidas.

c) Técnica 3: Propuesta de pequeñas concesiones

Muchas veces, las partes no quieren ser los primeros en ceder por miedo a parecer débiles. Aquí se puede utilizar la técnica de las *pequeñas concesiones*, como:

«Si la otra parte acepta flexibilizar el plazo de pago, ¿estarías dispuesto a considerar una reducción en la cantidad total?».

Esto crea una dinámica de negociación donde *cada parte siente que gana algo a cambio de ceder*.

d) Técnica 4: Separar a las personas del problema

En muchos conflictos, el problema real no es el tema en disputa, sino las *emociones acumuladas* entre las partes.

— *En lugar de decir*: «Él no quiere negociar porque es egoísta».

— *Reformular como*: «Parece que hay preocupaciones sobre cómo se hará el cumplimiento del acuerdo. ¿Podemos explorar opciones para garantizarlo?».

Cuando se enfocan en *solucionar el problema y no en atacar a la persona*, es más fácil llegar a acuerdos.

4. FRASES ESTRATÉGICAS PARA REFORMULAR EN POSITIVO

La forma en la que se comunican las ideas en una mediación *puede marcar la diferencia entre el éxito y el fracaso*. A continuación, algunas frases estratégicas para reformular mensajes de forma *positiva y conciliadora*.

a) Para reducir la tensión y evitar confrontaciones

— *«Eso no es cierto»*.

   *   *«Entiendo que lo veas de esa manera, ¿podemos explorar otras perspectivas?»*.

— *«No estoy de acuerdo con lo que dices»*.

   *   *«Me gustaría entender mejor tu punto de vista. ¿Podrías explicarlo con más detalle?»*.

— *«Nunca estás dispuesto a negociar»*.

   *   *«Parece que hay algunas preocupaciones que te impiden aceptar esta propuesta. ¿Podemos analizarlas juntos?»*.

b) Para fomentar la colaboración

— *«Tienes que aceptar mi propuesta»*.

* «*¿Cómo podemos construir una solución que funcione para ambos?*».

— «*Ese no es mi problema*».

* «*¿Cómo podríamos abordarlo para que ambas partes se sientan satisfechas?*».

— «*No hay manera de que acepte eso*».

* «*Quizá podríamos encontrar un punto intermedio. ¿Qué podríamos ajustar en esta propuesta?*».

c) La mediación como una herramienta poderosa

La mediación no es solo un requisito procesal o una alternativa al litigio; es una herramienta *efectiva, ágil y transformadora* que permite resolver conflictos de manera más rápida, menos costosa y con un mayor grado de satisfacción para las partes involucradas. En un contexto donde la litigiosidad satura los tribunales y los clientes buscan soluciones eficientes, el abogado que domina la mediación se convierte en un profesional *más versátil, estratégico y valioso*.

El éxito en una mediación no depende únicamente del mediador, sino también del papel que juega el abogado en la preparación, el desarrollo y el seguimiento del proceso. *El abogado ya no puede limitarse a ser un mero representante procesal; debe asumir el rol de facilitador, asesor y estratega de la negociación.*

Para lograrlo, es esencial que el abogado:

— *Prepare cada mediación con rigor*, identificando los intereses reales de su cliente y anticipando posibles escenarios.

— *Desarrolle habilidades de comunicación estratégica*, reformulando en positivo y evitando posturas inflexibles que bloqueen la negociación.

— *Ayude a gestionar las emociones del cliente*, evitando que sentimientos como la ira, el miedo o el resentimiento interfieran en el proceso.

— *Implemente técnicas para desbloquear conflictos*, promoviendo el diálogo y buscando puntos de conexión entre las partes.

— *Fomente una cultura de resolución de conflictos*, explicando a sus clientes que la mediación no es una señal de debilidad, sino una estrategia inteligente para encontrar soluciones óptimas.

El abogado que se adapta a este nuevo paradigma no solo mejora su eficacia profesional, sino que también *aumenta la satisfacción y fidelización de sus clientes*. Un cliente que resuelve su conflicto de manera rápida y satisfactoria recomendará al abogado a otras personas, generando un impacto positivo en su reputación y en su posicionamiento dentro del sector legal.

d) El futuro de la abogacía: del litigio a la solución

La abogacía está experimentando un cambio profundo. La figura del abogado como único defensor de los intereses en los tribunales está evolucionando hacia un *perfil más integral*, donde el profesional del derecho no solo litiga, sino que también previene y soluciona conflictos de manera estratégica.

Aquellos abogados que *se resistan al cambio* y continúen viendo la mediación como un trámite innecesario, estarán dejando pasar una oportunidad clave de *diferenciarse, crecer y aportar un mayor valor a sus clientes*. En cambio, quienes asuman este nuevo rol con *visión y preparación*, tendrán la ventaja competitiva de ser reconocidos como verdaderos *solucionadores de problemas*.

Porque, al final del día, *el éxito de un abogado no se mide solo en sentencias ganadas, sino en problemas resueltos de manera efectiva, justa y satisfactoria*.

El futuro de la abogacía está en tus manos

La abogacía ya no es lo que era. *Y eso es una gran noticia.* Hemos sido testigos de una transformación profunda en nuestra profesión, donde el éxito ya no se mide únicamente en sentencias ganadas, sino en problemas solucionados. La mediación, la negociación y la resolución alternativa de conflictos han dejado de ser meras opciones para convertirse en el *nuevo estándar de la justicia moderna.*

Pero este cambio no es automático. *Depende de ti.*

No basta con leer sobre el futuro de la abogacía, hay que *tomar acción.* Este libro ha sido un mapa, una guía para entender cómo está evolucionando nuestra profesión. Ahora es el momento de decidir:

— ¿Seguirás anclado en el modelo tradicional de litigio o evolucionarás hacia un abogado del siglo XXI?

— ¿Aceptarás el cambio como una amenaza o lo convertirás en tu mayor ventaja competitiva?

— ¿Esperarás a que el mercado te obligue a adaptarte o tomarás la iniciativa y liderarás esta transformación?

La justicia ya no necesita más abogados que luchen en interminables batallas judiciales. *Necesita abogados que sepan construir puentes, que sepan negociar, que sepan solucionar conflictos de manera eficaz, estratégica y humana.*

Este no es el final de un libro. Es el comienzo de una *nueva forma de ejercer la abogacía.* La decisión está en tus manos.

El futuro de la abogacía no es un destino incierto. Es una oportunidad para aquellos que estén dispuestos a adaptarse y liderar. ¿Estás listo?